［新版］ 企業戦略論

Strategic Management and
Competitive Advantage
Concepts Sixth Edition

戦略経営と競争優位

ジェイ B. バーニー

ウィリアム S. ヘスタリー 著

岡田正大 訳

中

事業戦略編

ダイヤモンド社

STRATEGIC MANAGEMENT AND COMPETITIVE
ADVANTAGE: CONCEPTS
[GLOBAL EDITION], 6th Edition,
by
BARNEY, JAY B. and HESTERLY, WILLIAM

Authorized translation from the English language edition, entitled STRATEGIC
MANAGEMENT AND COMPETITIVE ADVANTAGE: CONCEPTS [GLOBAL EDITION], 6th
Edition, by BARNEY, JAY B.; HESTERLY, WILLIAM, published by Pearson Education,
Ltd, Copyright © Pearson Education Limited, 2020

JAPANESE language edition published by DIAMOND INC, Copyright ©2021
Electronic JAPANESE language edition published by DIAMOND INC, Copyright ©2021

JAPANESE translation rights arranged with PEARSON EDUCATION, INC. through
ENGLISH AGENCY (JAPAN) LTD., THE, TOKYO JAPAN

一般に(すべての学習において)、コンセプトやモデル、理論というものは、断片的かつ分断されたものとしてとらえられがちである。戦略分野の学習においてもこの傾向がある。これでは暗記学習となり、真の理解につながらない。

　一方、VRIOを一貫したフレームワークとして用いれば、いろいろなアイデアを結びつけることができる。理論などを丸暗記ではなく、真に理解することができる。

　この理解を手助けに、読者は、ビジネス事例や現実のビジネスを、より適切に把握できるようになるだろう。

　本書の各章では、VRIOフレームワークによって戦略の策定と実施を同時に議論することができるようになっている。

　本書では、VRIOフレームワークがシンプルで統合された構造を示すことで、類書ではあまり扱われることのない事項、たとえば、垂直統合、アウトソーシング、リアルオプション、M&A(合併・買収)などについて検討することを可能にしている。

　訳注：VRIO概念の初出と言えるBarney(1991)では、論文内の見出しでVRIのV(Valuable)、R(Rare)と並び、IはImperfect Imitability(直訳すれば不完全模倣可能性)と紹介されている。一般にはこれをInimitability(模倣可能性の逆、模倣困難性)とする用例が多く、訳者自身もBarney教授がセミナー等でinimitable、costly to imitateと言い換えるのを数限りなく聞いている。またVRIのうち、valuableやrareが持続的競争優位に資する概念であるのに対し、imitability(訳語：模倣可能性)は持続的競争優位を阻害する要因であり、VやRと一貫性がない。よって本訳書では、Imitabilityを"Inimitability"として紹介し、訳語としては「模倣困難性」を用いている。原著との厳密な一致よりも、読者にとっての理解のしやすさを優先した。

Barney, J. B. (1991). "Firm resources and sustained competitive advantage," *Journal of Management*, 17,pp.99-120.

V R I O

Value(経済的価値)
Rarity(希少性)
Inimitability(模倣困難性)
Organization(組織)

VRIOとは何か？

　本書は単に、経営戦略に関するコンセプト、モデル、理論を列挙する□にとどまらない。理論に基づき複数章を構成することにより、戦略的マ□メントの分野に対して新たな構造を提供するテキスト(教科書)である。

　本書では、「VRIO」というメカニズムを用いて、2つの理論的フレー□ク、すなわち、ポジショニング理論とリソース・ベースト・ビューを統□VRIOは、企業の内部分析を行うための主要な方法であり、経営資源(□ス)あるいはケイパビリティが、企業の競争優位の源泉になり得るか□る次の4つの問いで構成されている。

1. **経済的価値に関する問い**：その経営資源が、企業を取り巻く外部□の機会を生かしたり、あるいは脅威を和らげたりするか？
2. **希少性に関する問い**：その経営資源を保有し活用する企業は、業□でごく少数に限られているか？
3. **模倣困難性に関する問い**：その経営資源を持たない企業が、その□や開発において、コスト面で不利な状況にあるか？
4. **組織に関する問い**：経済的価値があり、希少で、模倣困難な経□を獲得するために、企業の政策や制度は整えられているか？

VRIOフレームワークで得られるものは？

　VRIOフレームワークは、本テキストの基本的な骨格である。読□ススタディや実際のビジネス状況の分析に活用する、意思決定の□ワークとなる。

［新版］企業戦略論〈中〉事業戦略編【目次】
BUSINESS-LEVEL STRATEGIES

Contents

第4章
コスト・リーダーシップ戦略
Cost Leadership

第5章
製品差別化戦略
Product Differentiation

第6章
柔軟性とリアルオプション
Flexibility and Real Options

第7章
共謀
Collusion

基本編
THE TOOLS OF STRATEGIC ANALYSIS

全社戦略編
CORPORATE STRATEGIES

事業戦略編

BUSINESS-LEVEL STRATEGIES

コスト・リーダーシップ戦略

Cost Leadership

本章では、以下を習得する。

4.1 事業戦略を定義できるようになる。

4.2 事業戦略の1つであるコスト・リーダーシップ戦略を定義し、
企業によってコストに差が生まれる6つの要因を挙げられるようになる。

4.3 コスト・リーダーシップ戦略が、
企業にとっていかにして経済的価値を生むかを説明できるようになる。

4.4 コスト・リーダーシップの源泉のうち、
希少かつ模倣困難である可能性が高いものと、
その可能性が低いものを挙げられるようになる。

4.5 企業がコスト・リーダーシップ戦略を実行するにあたって、
機能別組織構造、公式・非公式の経営管理システム、
報酬政策をいかに活用するかを説明できるようになる。

●透明性の高い時計メーカー「ブラスウェイト」

　ブラスウェイト（Brathwait）は、ミニマリスト時計分野における新規参入者でありながら、ある大きな競争優位の源泉を持っている。それは価格の安さである。

　同社は時計づくりの世界に透明性をもたらすことをミッションとしており、生産コストの内訳や、1本ごとの利益を顧客に開示している。創業者でありCEOのヘンリク・トープ（Henrik Torp）によれば、ブラスウェイトはコストを最小限に抑えることにより、高額な従来ブランドに比べてかなり手ごろな価格で優れた時計を提供できているという。

　業界関係者は、今後ブラスウェイトが、世界のミニマリスト時計市場において大きく躍進すると見込んでいる。その原動力となるのが、透明性を追求した同社のマーケティング戦略だ。

　美しくミニマルなデザインが特徴のブラスウェイトは、思わぬところから名前をとっている。1631年に *The English Gentleman*（英国紳士のあり方）を著したリチャード・ブラスウェイト（Richard Brathwait）である。彼が同書で打ち立てた礼儀作法のルールは、「社会においていかにふるまうべきか」という人々の考えに多大な影響を与えた。こうした功績に敬意を表し、その礼儀作法の伝統を受け継ぐ（そして、もちろんブラスウェイトの時計を愛用している）現代の紳士や貴婦人の価値観を反映し、ブラスウェイトというブランド名が選ばれた。

　時計業界はいま、スマートウォッチの登場によって、破壊的イノベーションの第2波に洗われている。そのため従来の時計メーカーは、ここ2年にわたってきわめて悲観的な見通しを立ててきた。だがこれらの時計メーカーは1970年代にも、日本でクォーツムーブメント技術（水晶を使った電子振動子により高い精度を確保した駆動技術）が開発された際、似たような破壊的イノベーションを経験している。ただし近年の破壊的イノベーションは、スイスメーカーが支配する時計市場にブラスウェイトが参入することを阻まなかった。また最近の業績データによれば、従来型時計への需要は持ち直しを見せている。2017年の第2四半期におけるスイス時計業界の総輸出額は、前年同期の48億スイスフランから50億スイスフランへと増加した。

　時計1つ当たりの総コストのうち、製造自体にかかる費用はほんの一部で

ある。ほとんどは、富裕層向けプロモーションや広告にかかる費用だ。電池寿命がきわめて長いスイス製のクォーツムーブメント（時計の駆動部分）は1本当たりたったの10ドルである。また中国製のコストはさらに安く、1本当たり3ドルである。しかし、有名人を起用した広告などのブランディング活動により、スイス製時計の最終価格は平均して総コストの50倍以上にもなる。

　一方ブラスウェイトは、コストを抑えるために中国を生産拠点とし、小売業者やバイヤーなどの仲介業者は利用せず、SNSを中心に広告活動を展開している。部品はイタリア（革の時計ベルト）、スイス（クォーツムーブメント）、日本（自動巻き部品）から仕入れている。こうしたコストの内訳はブラスウェイトのウェブサイトで確認できるが、それによれば、同社の「スイス式クラシック時計」の総コストは92.35ドルである。

　ブラスウェイトは、スイス製高級時計市場におけるシェア拡大を目指し、セリタ（Sellita）SW260-1ハイビートムーブメントを搭載した限定版の自動巻き時計を発売している。セリタのムーブメントは多数の宝石を使用しているため、自動巻きに伴う摩耗を防ぎ、確かな駆動を保証する。ブラスウェイトがこのような限定版時計を発売した目的は、スイス製時計の高級感を、手の届く価格で消費者に提供することである。

　「時計づくりにおける秘密主義の打破」「時計ファンへの高品質かつ手ごろな価格の時計の提供」という2本立ての価値提案を行うブラスウェイトは、時計業界における興味深い存在である。しかし、同社がまだ市場に参入したばかりである点には留意すべきだろう。したがって、今後さまざまな参入障壁や「成長痛」に悩まされる可能性はある。[注1]

　ブラスウェイトは、スウォッチ（Swatch）やティソ（Tissot）などのスイス製メーカーが支配する時計業界で成長を遂げてきた。同社がこれまで果たしてきた成功は、スタイリッシュな腕時計を、既存のライバル企業を大きく下回る価格で提供してきたことが主な要因だと考えられている。

　したがって、ブラスウェイトは低コスト戦略を追求している企業の典型と言える。

⦿──事業戦略とは何か

到達目標 4.1
事業戦略を定義できるようになる。

　本書の上巻（第1章〜第3章）では、戦略分析を行う際の基本的ツールを紹介してきた。外部環境における脅威や機会を分析するツール（第2章）、そして、内部環境における強みや弱みを分析するツール（第3章）である。これらの分析を終えれば、いよいよ戦略の選択プロセスに入ることが可能である。

　第1章でも述べたように、戦略の選択は2つのカテゴリーに分類できる。事業レベルの戦略と全社レベルの戦略である。**事業戦略**（business-level strategies）とは、企業が1つの市場・業界において競争優位を獲得するためにとる行動である。**全社戦略**（corporate- level strategies）とは、企業が複数の市場・業界において同時に競争優位を獲得するためにとる行動である。

　本書の中巻において取り上げる事業戦略は、コスト・リーダーシップ（本章）、製品差別化（第5章）、柔軟性（第6章）、共謀（第7章）である。これらの戦略は、とりわけ重要性が高いと広く認識されているため、**一般的事業戦略**（generic business strategies）と呼ばれることもある。

⦿──コスト・リーダーシップとは何か

到達目標 4.2
事業戦略の1つであるコスト・リーダーシップ戦略を定義し、
企業によってコストに差が生まれる6つの要因を挙げられるようになる。

　コスト・リーダーシップ型事業戦略（cost leadership business strategy）を選択した企業は、競合を下回るコストの実現に重点を置いて競争優位を目指す。しかしだからといって、他の事業戦略や全社戦略を放棄するわけではない。実際、コスト低減を唯一の目標としてしまうと、たとえ低コストであっても誰も欲しがらない製品を生み出してしまう可能性がある。

たとえば、ワービー・パーカー(Warby Parker)を見れば、コスト(そして価格)の低減に重点を置く一方、販売するメガネのスタイリッシュさにも十分配慮している。とはいえ、コスト・リーダーシップ戦略を追求している企業は、低コストの実現を特に重視する。

　ワービー・パーカー以外にもコスト・リーダーシップ戦略をとっている企業は無数に存在する。航空業界においてはライアンエアー(Ryanair)、時計業界ではタイメックス(Timex)やカシオ計算機(以下カシオ)、使い捨てボールペンやカミソリ業界ではBICが、それぞれこの戦略をとっている。これらの企業は広告活動にも積極的だ。ただし、広告の内容は信頼性や低価格を強調したものが多い。コスト・リーダーシップ戦略をとる企業は通常、このような製品属性に重点を置く。

　自動車業界においては、一般ユーザー向けの低価格な自動車を中心に販売するフィアット(Fiat)が、コスト・リーダーシップ戦略をとっている。フィアットは、ライアンエアー、タイメックス、カシオ、BICと同様に、広告費にかなりの資金を投じている。広告のメッセージは、スポーティーで魅力的なデザインや低価格を強調している。

　フィアットは、高性能なスポーツカーや高級感のあるステータスシンボルなどの路線ではなく、遊び心のある手ごろな自動車というイメージを追求しているのだ。このような自動車の生産や販売を可能にしているのは、同社のデザイン理念(なるべくシンプルに)と低い製造コストである。[注2]

◉コスト優位の源泉

　企業が競合に対してコスト優位を持つ要因には、いくつかある。またこの優位は、同様の製品を生産している競合に対しても確立できる。**表4.1**には、最も重要なコスト優位の源泉をリストアップしている。この節では、これらについて検討する。

[規模の差と規模の経済]

　最も頻繁に取り上げられるコスト優位の源泉は、事業の規模である。製造、マーケティング、流通、サービス、その他機能分野において、十分な規模の

1. 規模の差と規模の経済
2. 規模の差と規模の不経済
3. 経験の差と学習曲線による経済性
4. 生産要素への差別的な低コストのアクセス
5. 規模と無関係な技術上の優位
6. 経営政策上の選択

図4.1 | 規模の経済

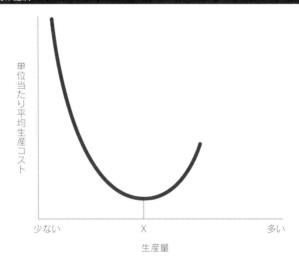

単位当たり平均生産コスト

少ない　　　　　　　X　　　　　　　多い

生産量

経済が存在すれば、規模の大きい企業は（一定の水準までは）規模の小さな企業に対してコスト優位を実現することができる。

　規模の経済という概念は、第2章で定義したとおりである。**規模の経済**（economies of scale）が存在するのは、事業規模の拡大（生産量を尺度とする）がコストの低下（生産単位ごとの平均生産コストを尺度とする）につながることである。**図4.1**では、この関係を図示している。生産量が多いほど、単位当たり平均生産コストが下がっているのがわかる。この傾向は、最適な生産量（X点）にいたるまで続き、それを超えると今度は**規模の不経済**（diseconomies of scale）が作用し、単位当たり平均生産コストが上昇し始める（規模の不経済については以下詳しく検討する）。

　図4.1で示した生産量と単位当たり平均生産コストの関係が成立し、なお

表4.2 | 大きな生産規模が低コストをもたらす要因

企業が生産規模を拡大すれば……
1. 特殊化した機械を使うことができる
2. より規模の大きな工場を建てることができる
3. 従業員の専門化・分業化を高めることができる
4. より多量の生産物で間接コストをまかなうことができる
上記の要因はすべて、単位当たり平均生産コストを低下させる。

かつ、ある企業が業界内で最大の生産量(ただし、最適生産規模のXは上回らない)を持つ場合、その企業は業界内の他社に対してコスト優位にある。生産規模の拡大がコストの低下につながる理由には、いくつかある。**表4.2**には、そのうち最も重要なものをまとめた。以下では、これらの要因について見ていく。

生産規模と特殊化した機械

生産規模が大きい企業は多くの場合、小規模な企業では保持できない特殊化・専門化した生産設備を購入し操業できる。この重要なメリットは、BICの製造部門の幹部が重視してきた点である。かつて、BICの製造部長は次のように語った。

私たちの事業のカギを握るのは、オートメーションです。生産規模が非常に大きいため、1セントの10分の1のコストを削っただけでも莫大なインパクトがあります。(中略)生産規模が大きいメリットの1つは、最高の生産設備を購入し、そのコストを短い期間(4〜5カ月)で完全に償却できる点です。そのため、常に新しい生産設備に買い替えています。コスト削減につながりそうな機械があったら、すぐに買います。お金のことは考えなくてよいのです。[注3]

このようなコスト削減を実現できるのは、ペン業界におけるBICのように、膨大な生産規模を持つ企業ならではである。

生産規模と生産工場・設備のコスト

生産規模が大きい企業は、大規模な製造工場を建てることもできる。業界

によっては、工場規模が大きいほど生産物1単位当たりの建設コストが低くなる。したがって他の条件がすべて同じであるとすると、生産規模の大きい企業ほど単位当たりの生産コストが低い工場を建てることができ、平均生産コストが低くなる。

　生産規模と工場建設コストの関係が特に重要な意味を持つのは、化学品、石油精製、製紙・パルプ製造など、**プロセス型製造**（process manufacturing）を行う業界である。プロセス型工場の建設コストは、生産設備の特殊な形状を要因として、生産能力の3分の2乗の比率で拡大する。なぜなら、球状や筒状の容器を大きくした場合、体積が拡大する割合よりも表面積が拡大する割合が小さいからである。したがって、大きな容器は小さな容器に比べ、容量が大きく、かつ容器自体をつくるのに必要な体積当たりの材料も少ない。よってこの場合、生産能力の増強にかかるコストは、一定の水準までは生産量の増大に対して少ない割合で拡大する。[注4]

　たとえば、生産能力が1000単位の工場を建てるコストが100ドルだとすると、生産物1単位当たりの平均生産コストは0.1ドルである。しかし、先ほどの「3分の2乗ルール」が成り立つとすれば、生産能力が1万単位の工場を建てるコストは464ドル［$100 \times (10000/1000)^{2/3} = 464$］ということになる。この場合の1単位当たりの平均生産コストは0.0464ドルである。この単位当たり0.1ドルと単位当たり0.0464ドルの差が、生産規模のより大きな企業が持つコスト優位である。

生産規模と従業員の専門化度・分業化度

　生産規模が大きい企業は、従業員の分業化度も高い傾向にある。従業員が特定の狭い範囲の業務に特化していれば、その範囲のなかで業務効率が高まっていき、結果として会社全体のコストが下がる。この理屈は製造作業における分業化（たとえば組立ラインでの細分化された製造工程）と管理機能における分業化（たとえば高度な専門性を持った会計、財務、営業などの管理部門）のどちらにも妥当する。

　一方、生産規模の小さな企業では、高度な分業化は不適切かもしれない。生産規模がそれほど大きくない場合、高度に分業化された仕事のみを任された従業員は、1日の終わりを待たずに手持ち無沙汰になってしまうことが考えられる。したがって、小規模な企業が個々の従業員に多くの役割を兼任させ

たり、会計、税務、人的資源管理などの専門業務を外部の派遣従業員やパートタイム従業員に任せることが多いのは、生産規模の小ささが1つの要因と考えられる。

生産規模と間接コスト

　生産規模の大きな企業は、より多くの生産物で間接コストをまかなえるので、生産物1単位当たりの間接コストが小さくなるメリットがある。

　たとえばある業界で、会計、経営管理、研究開発などの業務に伴って発生する間接コストが、企業の規模にかかわらず10万ドルだとする。生産規模が1000単位の企業は、1単位当たりの間接コストが100ドルとなる。一方、生産規模が1万単位の企業は、1単位当たりの間接コストが10ドルである。ここでもまた、生産規模の大きな企業の単位当たりコストが、生産規模の小さな企業のそれを下回ることになる。

[規模の差と規模の不経済]

　生産規模の大きな企業は、規模の経済によってコスト優位を獲得することができるが、一方で生産規模が大きくなりすぎると、今度は規模の不経済によってコストが増大する可能性がある。

　図4.1を見れば、生産規模がある最適水準(点X)を超えると、単位当たりコストが増大し始めるのがわかる。業界内の企業がいずれも最適な事業規模を上回っている場合、同じような製品を生産していても、より小規模な企業(したがって、より最適水準に近い生産規模を持つ企業)がコスト優位を獲得する。**表4.3**には、企業に規模の不経済をもたらす要因をいくつかリストアップした。以下、これらの要因について検討する。なお、コラム「より詳細な検討」では、ある業界における規模の経済曲線を使って、その業界の最適生産規模を導く

表4.3 │ 規模の不経済の主な源泉
生産規模が過剰になると、以下の要因によって単位当たりコストが高まる可能性がある
1. 生産効率への物理的制約
2. 経営管理上の不経済
3. 従業員のモチベーション低下
4. 市場やサプライヤーとの距離

方法を解説する。

生産効率への物理的制約

　生産設備の建設に「3分の2乗ルール」を適用すると、「少なくとも一部の業界では、規模が大きければ大きいほどメリットがある」ということを意味するように思える。しかし生産プロセスの種類によっては、規模の拡大に限界をもたらす重要な物理的制約が存在する。

　たとえば一部の技術者によれば、セメントキルンの生産能力が年間700万バレルを超えると、キルン内部で不安定な空気力学が働くようになる。また別の見解によれば、巨大な原子力発電所では、小規模な施設の場合はほとんど検出されないような物理的力学や作用が甚大な影響を及ぼすようになる。生産プロセスにおけるこうした物理的制約は、生産活動の根底にある物理や工学原理のあらわれであり、図4.1のコスト曲線がどの位置で上昇し始めるのかを判断する際のヒントになる。^(注5)

より詳細な検討

業界内の最適生産水準の算出

　規模の経済と規模の不経済の双方が存在する業界には、一定の最適な生産水準が存在するはずである。企業は、これを上回る水準で生産してもコストが増大するし、これを下回る水準で生産してもコストが増大する。図4.1が示すように、この最適な生産水準というのは非常に範囲が狭そうに見える。もちろん実際には、企業間の生産水準にある程度ばらつきがあっても、いずれの企業も低コストの生産を実現する場合がある。しかし、その業界に規模の経済と不経済が存在する限り、依然として一定範囲の生産水準から大小いずれかに外れた企業はコストが増大する。

　このように、規模の経済曲線の変曲点がどこにあるのかは重要な問題であり、場合によってはXの値を導く必要があるだろう。Xは次の方法によって帰納的に導くことができる。

　まず、業界内各社の総費用やコスト要因についてデータを集める。ここで

は簡素化し、業界内の重要なコスト要因が、生産量（Q）、労働賃金（w）、資本（r）の3つだけであったとしよう。規模の経済と規模の不経済双方の可能性を許容する一般的なコスト関数として、**トランスログ費用関数(translog cost function)** というものがある。この関数は、次のようにあらわすことができる。

$$\mathrm{Log}\, TC = b_0 + b_1 \log Q + b_2 \log w + b_3 \log r + b_4 (\log Q)^2 + b_5 (\log w)^2 + b_6 (\log r)^2 + b_7 (\log w)(\log r) + b_8 (\log w)(\log Q) + b_9 (\log r)(\log Q)$$

　一見すると非常に難解な方程式のように見えるが、実はこの方程式の値は、比較的シンプルな回帰分析を用いて推定できる。そして、その推定値から導いた係数を用いれば最適生産水準を導くことができる。

　ごくシンプルな例を挙げよう。まず、いくつかのサンプル企業についてトランスログ費用関数の値を推定し、そこから導き出した係数を対数形式から変換したところ、統計的に有意な係数が $b_0 = 200$ と $b_4 = 5$ のみであったとする。この場合、コスト関数は次のようにあらわすことができる。

$$TC = 200 + 5Q^2$$

　この方程式の両辺を Q で割れば、平均コストを導くことができる。

$$AC = 200/Q + 5Q$$

　簡単な計算をいくつか行えば、この業界では Q が1（AC＝205）から6（AC＝63.3）の間は企業の平均コストが低下し、Q が7（AC＝63.57）にいたると増大し始めることがわかる。よって、このごくシンプルな例におけるXの値は6である。[注6]

経営管理上の不経済

　生産プロセスの根底にある物理や工学の原理も重要なコスト要因だが、それよりもさらに大きくコストを増大させる可能性があるのは、経営管理上の不経済である。企業においては規模が拡大すると事業の複雑性が増し、マネジャーらがそれを効率的に管理・運営することが難しくなる。

　製造工場の規模が大きくなりすぎた結果、効率性が低下した例として有名

なのがフィラデルフィアにあるクラウン・コルク・アンド・シール（Crown, Cork and Seal、CCS）の製缶工場である。この工場は、2000年代初頭には75種類にも及ぶ製造ラインを稼働させていた。しかし、業界内で生産性の高い製缶工場が同時に稼働させていたのは、せいぜい10から15ライン程度であった。CCSの巨大なフィラデルフィア工場は生産設備の故障が多いため、稼働を停止している製造ラインの割合が高く、生産品質が低いなど、高い生産性を実現するにはどうしても規模が大きすぎたのである。[注7]

従業員のモチベーション低下

　規模の不経済をもたらす3つ目の要因は、事業規模、従業員の専門化度・分業化度、従業員のモチベーションという3つの要素の関係に由来する。先ほど、生産規模が大きいことのメリットの1つとして、従業員が特定の狭い範囲の業務に集中できることを挙げた。専門化・分業化に伴い、それぞれの従業員が担当する業務の効率性は増していく。

　しかし最近では、こうした専門化度・分業化度の高い仕事が従業員のモチベーションを大きく低下させ得ることを示す研究が次々と発表されている。これらの研究は社会心理学のモチベーション理論を利用し、次のようなことを示している。個々の従業員の仕事が生産プロセスの結果である最終製品から遠ざかるほど、生産プロセス総体における1人ひとりの役割がどんどんあいまいになっていく。こうして従業員が「生産マシーンの歯車」になっていくと、従業員のモチベーションは低下し、結果として生産性や品質が低下する。[注8]

市場やサプライヤーとの距離

　規模の不経済をもたらす最後の要因は、製品が最終的に販売される場所、あるいは生産に不可欠な原材料のサプライヤーから遠く離れたところに、大規模な生産工場を設けることである。この場合、規模の経済を活用した生産工場によってコスト低減を実現したとしても、製品の出荷や供給品の調達にかかる多額の輸送コストによって、それが打ち消されてしまう。したがって、ある企業が輸送コストという重大な要素を考慮せずに生産性の高い工場を建てた場合、生産性の面ではやや劣るものの、サプライヤーや主要市場により近い工場を建てた他社に対して、競争劣位に陥る可能性がある。

図4.2 | 学習曲線と生産コスト

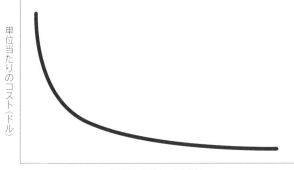

[経験の差と学習曲線による経済性]

　コスト優位の第3の源泉は、累積生産量の差によってもたらされる。特定の条件の下では、ある製品やサービスの生産において最も多くの経験を積んだ企業が業界内で最も低いコストを実現し、コスト優位を獲得する。この累積生産量とコストの関係は、**学習曲線**（learning curve）という概念を利用して定式化される。**図4.2**では、累積生産量と単位当たりのコストの関係を図式化した。

学習曲線による規模の経済

　図4.2を見ればわかるように、学習曲線は規模の経済の概念と似ている。しかし重要な違いが2つある。

　第1に規模の経済曲線が、ある時点における生産規模と単位当たりコストの関係を示したものであるのに対し、学習曲線は累積生産量（つまり一定期間にわたる生産量の合計）と単位当たりコストの関係を示したものである。

　第2に規模の経済の場合、一定の生産規模を超えると規模の不経済が発生するが、学習曲線の場合、累積生産量がどれほど増加しても、規模の不経済に相当するコスト上昇は生じない。技術的な限界に近づくまでコストが低下し続けるのである。

学習曲線とコスト優位

　学習曲線モデルは、累積生産量の増加に伴って生産物1単位当たりの生産コストが低下するという経験的観察に基づいている。この関係が最初に確認されたのは、第2次世界大戦前における航空機製造である。当時の研究によれば、累積生産量が2倍になるたびに航空機1機ごとの労働コストは20％減少した。^(注9)これとよく似たパターンが船舶、パソコン、宇宙船、半導体の製造など、さまざまな業界で観察されている。いずれの場合も、累積生産量の増加に伴って生産効率を最大化する方法に関して、緻密なノウハウが蓄積されていったのである。

　一方、学習曲線によるコスト優位があらわれるのは、製造分野に限らない。原材料の調達から製品の流通、サービスの提供まで、さまざまな機能分野において「学習」は生じ得る。実際、サービス業界において学習が重大な効果をもたらす場合もある。

　つまり学習曲線は、ある事業活動を行った回数が増えるにつれ、その事業活動を行うコストが低下する限り成り立つ。^(注10)したがって、たとえばワービー・パーカーが売上げを増大させていくのに伴い、同社のいくつかの中核的機能分野の運営コストは低下していったはずである。

学習曲線と競争優位

　図4.2に示された学習曲線モデルは、学習、市場シェア、平均生産コストという3つの要素を結びつけたコストベースの競争優位モデルに応用されている。^(注11)**表4.4**ではこのモデルを適用し、企業の学習曲線上のコスト優位を推定する方法をまとめた。

　この適用の背景にあるロジックは比較的シンプルだ。つまり、他の企業よりも先に学習曲線上を下ることに成功した企業は、ライバルに対してコスト優位を獲得する。そのためには、製品の累積生産量を他社よりも早く高める必要がある。もちろん大量の生産に成功している企業は、それだけ多くの製品を顧客に販売する必要がある。たくさんの製品を販売すれば、その企業の市場シェアは拡大する。したがって、学習曲線上を下っていってコスト優位を獲得するためには、企業は積極的に市場シェアを獲得しなければならない。

　このようなかたちで学習曲線のロジックを応用することには、多くの批判がある。^(注12)なかでも重要なのは次の2つの指摘である。第1に、市場シェアの

表4.4 学習曲線の応用による同一製品を販売する2社のコスト推定

このシンプルな例では、企業Aが6つの製品を生産し、企業Bが1つだけ製品を生産したと想定する。求めたいのは、「1つ目の製品の生産にかかった企業Bのコストに対して、6つ目の製品の生産にかかった企業Aのコストはどのぐらいか」である。

前提：図4.2の学習曲線は次の数式であらわすことができる。

$$y = ax^{-\beta}$$

この場合、aは1つ目の製品の生産にかかる時間、xは総生産量、β はその製品の生産に関する学習率をあらわす係数、yはx単位を生産した際の1単位当たりの平均時間である。係数 β は、生産規模が倍増した場合の生産コストへの影響によって決まる。たとえば、6単位を生産するのに20分かかり、12単位を生産するのに16分かかる場合（生産量が倍増した点に注意）、学習率は80％（16／20＝0.80）である。係数 β は、学習率80％の学習曲線の場合は0.3219、学習率90％の場合は0.1520、学習率95％の場合は0.740、等々である。

ステップ1：まず、この製品の学習曲線関数を特定する。学習率は80％、1つ目の製品の生産にかかる時間は45分であると仮定すると、学習曲線関数は次のとおりである。

$$y = (45)(x)^{-0.3219}$$

ステップ2：仮定より、企業Bが1つ目の製品を生産するのにかかる時間は45分である。
ステップ3：企業Aが6単位を生産した際の1単位当たりの平均時間は：

$$y = (45)(6)^{-0.3219} \quad y = 25.3分$$

ステップ4：企業Aが6単位を生産するのにかかる合計時間は：

$$151.8分 = (6)(25.3)$$

ステップ5：企業Aが5単位を生産した際の1単位当たりの平均時間は：

$$y = (45)(5)^{-0.3219} \quad y = 26.8分$$

ステップ6：企業Aが5単位を生産するのにかかる合計時間は：

$$134分 = (5)(26.8)$$

ステップ7：企業Aが6単位目を生産するのにかかる時間は：
（6単位の生産にかかる合計時間－5単位の生産にかかる合計時間）＝ 151.8 － 134 ＝ 16.8

よって、企業Bが1つ目の製品の生産にかかる時間が45分であるのに対し、企業Aが6つ目の製品を生産するのにかかる時間はわずか16.8分である。したがって、企業Aは企業Bに対してかなり大きなコスト優位を持つことになる。

確保が結果として生産コストの低下につながるとしても、市場シェアの確保自体に多額のコストがかかるという指摘だ。実際、コラム「関連する学術研究」でも述べるとおり、市場シェアを獲得するコストが、市場シェア拡大によって得られる価値と同等レベルにまで増大する可能性もある。この場合、市

場シェアを獲得したとしても経済的利益にはつながらない。

　第2の批判は、この応用の仕方においては他の事業戦略や全社戦略が考慮されていないという指摘である。つまり、コストを下げることが唯一の競争手段であり、他の戦略を実行する余地がないということが前提とされているのだ。しかし、ほとんどの業界では、他の戦略のうち少なくともいくつかは実行可能である。したがって、この応用モデルのように、学習曲線を厳格に適用すると誤った判断を招く可能性がある。^(注13)

　このような批判はあるものの、やはり多くの業界では他の条件が同じであれば、累積生産量の多い企業が低い平均生産コストを実現する。したがって、たしかに市場シェアの拡大のみを追求しても標準を上回る経済リターンを得られるとは限らないが、生産プロセスのさまざまな局面で経験を積んでいくことは、競争優位の源泉となり得るだろう。

関連する学術研究

市場シェアは実際どれほど価値あるものなのか

　市場シェアと企業パフォーマンスの関係に関する研究は、何十年も前から行われている。初期の研究では、市場シェアが企業パフォーマンスの主たる決定要因だとされた。実際、特に影響力の高いある論文では、市場シェアこそが利益率を確保するうえで何よりも重要だと断言している。

　初期の研究が出したこのような結論は、市場シェアと企業パフォーマンスがプラスの相関関係を示すことを根拠としている。つまり、市場シェアの大きな企業は利益率が高い傾向にあり、市場シェアの小さな企業は利益率が低い傾向にある。こうした経験的な観測により、「企業は利益率を向上させたいのであれば、市場シェアを拡大することが得策だ」という結論が論理的には導かれる。

　しかし、早まってはならない。市場シェアと利益の関係は、実際のところもっと複雑なのだ。たとえば次のようなシナリオを考えてみてほしい。ある10社がいずれも利益率の向上を目指し、市場シェアの拡大を狙っていくとする。いずれの企業も他社のシェアを奪うために、広告などのマーケティング

支出を増やしたり、値下げを行ったりするだろう。これらの行動により、各社が獲得しようとしている市場シェア自体に価格が設定されることになる。つまり、「市場シェアの市場」と言えるものが創出される。

　そして、この市場では10社の企業がシェアを奪い合うので、競争は激しくなるだろう。したがって、この「市場シェアの市場」においてシェアを獲得することのリターンは、標準的利益レベルまで低下することが予想される。

　このような分析が示すのは、市場シェアと企業パフォーマンスにはクロス・セクション分析における正の相関（つまり、時系列を含まないある時点における正の相関）は存在するかもしれないが、そうした正の相関は各社がシェア拡大に向けて動くなかで、長期的には消える可能性があるということだ。こうした仮説は、いくつかの論文が検証している。

　なかでも影響力の高い2つの論文（それぞれディック・ルメルト（Dick Rumelt）とロビン・ウェンスリー（Robin Wensley）の共著、ならびにシンシア・モンゴメリー（Cynthia Montgomery）とバーガー・ワーナーフェルト（Birger Wernerfelt）の共著による）は、「市場シェアの市場」がさまざまな業界において頻繁に出現すること、「市場シェアの市場」での競争は非常に激しい傾向にあること、企業は競争の激しいこれらの市場でシェアを獲得しても経済的パフォーマンスが向上しないことを示した。

　それどころか、ビール業界における事業統合を検証したモンゴメリーとワーナーフェルトによれば、アンハイザー・ブッシュ（Anheuser-Busch）やミラー（Miller）などの企業は、市場シェアの獲得にかかったコストがあまりにも大きかったため、利益率が向上するどころか低下したという。

　今日、この分野における研究は、「大きな市場シェアは、業界内で競争を展開する結果として生まれるものであり、それ自体を経営目標として追求するべきではない」という点で大方の見解が一致している。

　つまり、企業は価値の高い戦略を追求し、より多くの顧客を獲得することにより、必然的に大きな市場シェアを確保する。言い換えれば、価値の高い戦略こそが、高い企業パフォーマンスと大きな市場シェアの両方を生み出すのである。このことが、市場シェアと企業パフォーマンスにおいて正の相関が生じた理由であろう。

［ 生産要素への差別的な低コストのアクセス ］

　ある業界で同様の製品を生産する企業間でコスト差が生じる要因としては、規模の経済、規模の不経済、学習曲線上のコスト優位以外にも、生産要素への差別的な低コストのアクセスがある。

　生産要素（productive inputs）とは、事業活動の遂行に用いられるあらゆる供給物であり、労働力、資本、土地、原材料などである。これらの要素のうち1つまたは複数に対してとりわけ低コストのアクセスを持つ企業は、競合他社に比べて経済的コストが低くなる可能性が高い。

　たとえば、サウジアラビアに油田を持つ石油会社と北海に油田を持つ石油会社を考えてみてほしい。前者が原油を獲得するコストは、後者に比べてかなり低いだろう。なぜなら北海での原油掘削には巨大な海上基地の建設が必要であり、作業員がそこで生活するための設備をそろえ、荒れがちな北海で掘削した原油を海上輸送しなければならない。一方サウジアラビアの油田は、地表に近いところに原油が溜まる傾向にあり、高度な技術を用いなくても掘削が可能である。

　当然ながら、低コストの生産要素がコスト優位を生むためには、その生産要素を獲得するコストが、その生産要素を用いることで得られるコスト低減効果を下回らなければならない。たとえば、サウジアラビアで原油を掘削すれば北海に比べて単位当たりコストが低くなるとしても、採掘権自体を獲得するコストが北海に比べてかなり高ければ、サウジアラビアで掘削するメリットは失われてしまう。他のコスト優位の源泉同様、生産要素への低コストのアクセスにおいても、コスト優位の獲得にかかるコストと、獲得したコスト優位によってもたらされる経済的価値を比較衡量する必要がある。

　原油、石炭、銅鉱石のような原材料への低コストのアクセスは、コスト優位を決める重要な要因だが、他の生産要素へのアクセスも同様に重要である。

　たとえば、高度な専門性を持つ電子工学技術者の人材を確保するには、これらの技術者が通う大学の近くにある企業のほうが、大学から遠く離れている企業よりも有利である（つまり、低コストで人材を確保できる）。カリフォルニア州のシリコンバレー、マサチューセッツ州のルート128、ノースカロライナ州のリサーチ・トライアングルなどの技術ハブが形成された1つの要因は、こうした人材確保のコストである。この3つのハブに拠点を置く企業は

目と鼻の先に複数の大学があり、これらの大学はハイテク企業にとって欠かせない技術者を養成している。その一方で、コラム「企業倫理と戦略」でも紹介するとおり、低コストで労働力を確保することには倫理的なジレンマも伴う。

［ 規模と無関係な技術上の優位 ］

　企業が経営活動を行う過程で用いるさまざまな技術も、コスト優位の源泉になり得る。大規模企業が規模の経済を活用し、技術に基づくコスト優位を獲得し得ること（例：「3分の2乗ルール」）は、すでに見てきたとおりである。

　技術ベースのコスト優位に関する従来の議論は、企業が経営に用いる機械やコンピュータなどの物理的ツールを中心に展開されてきた。当然ながら業界によっては、こうした物理的技術力の差が同等な生産規模を持つ企業の間でコスト差を生む場合がある。

　たとえば製鉄業界では、技術の進歩によって鉄を製造するコストが大きく低下する場合がある。最新の製鉄技術を備えた企業は、通常そのような技術を持たない同規模の企業に対してコスト優位を獲得する。同じことは、半導体、自動車、消費者向け電化製品など、多くの製造業界について言える。[注15]

　物理的技術をベースとしたコスト優位は、製造業だけでなくサービス業においても存在する。たとえば、証券のディスカウント・ブローカーであるチャールズ・シュワブ（Chales Schwab）は、創業して間もないころにライバルよりも高速かつ低コストで証券を取引できるコンピュータシステムを導入した。[注16]

　米国最大のHMO（健康維持機構。米国における三大健康保険システムのうちの1つ）であるカイザーパーマネンテ（Kaiser Permanente）は、医師が誤診や患者に対して有害になる治療を回避するためのITシステムに投資した。こうした医療ミスを避けることにより、同社は医療サービスの提供コストを大きく減少させている。[注17]

　しかし、技術という概念は、企業が経営に用いる物理的ツールだけではなく、経営に用いるあらゆるプロセスへと定義を広げることができる。このように広く定義した場合、機械やロボットなどの**技術的ハードウエア**（technological hardware）だけでなく、労使関係、企業文化、管理システムなどの**技術的ソフトウエア**（technological software）も、技術の一種ととらえることができ

る。これらの技術的属性は、いずれも企業の経済的コストに影響を与え得る要素である。^{（注18）}

企業倫理と戦略

底辺への競争

　ほとんどの企業にとって、労働力は最重要の生産要素の１つである。他社と比較して低コストで労働力にアクセスした企業は、コスト優位を獲得する可能性がある。

　企業によるこうした安い労働力の追求は、国際的な「底辺への競争（race to the bottom）」を生んでいる。米国や西欧における労働者の賃金が、開発途上国など他地域における労働賃金よりもかなり高いことは広く知られている。

　企業は、米国国内でスニーカーやバスケットシューズの生産を行うとしたら、従業員に（賃金と手当で）時給20ドルほど支払う必要がある。しかし、同じ企業がフィリピンやマレーシア、中国などで同じスニーカーやバスケットシューズを生産した場合、従業員に支払う給料は日給５〜10ドルですむ可能性がある（訳注：原書では「日給１ドル」とあるが、現状では５〜10ドルが妥当のため変更した）。さらにその企業は、これらのシューズを米国や西欧の市場において１足250ドルで売ることができる。こうした事情から、多くの企業は労働コストの節減を狙って海外に生産拠点を求める。

　しかし、企業がこのように安い労働力を追求することは、いくつかの重要な「意図せざる結果」を生む。

　第１に、賃金率が低い国や地域は時代とともに変化する。以前はメキシコが世界で一番低い賃金率だったが、その後は韓国とフィリピン、マレーシア、中国へと変遷し、現在はベトナム、そしてミャンマーである。これらの国々では、世界中の製造業を支えられるようインフラの整備が進んでいる。しかし、それが達成された途端、製造業者がその国の生産企業と関係を断ち、よりコストの低い地域に生産拠点を移すことがよくある。そうなると、かつての低コスト拠点は、さらにコストを下げるしか対抗手段がなくなる。

　これが「底辺への競争」による第２の「意図せざる結果」を招く。つまり、コストの低減による劣悪な労働環境と低賃金である。従業員を日給５ドル以下

で1日10時間、週6日働かせることは、企業の収益性にとってはプラスかもしれないが、このような戦略を追求することの道義性や倫理性に関しては各方面から懸念の声があがっている。実際、ナイキ（Nike）やKマート（Kmart）など一部の企業は、多くの海外拠点で従業員の賃上げや労働環境の改善に取り組まざるを得なくなっている。

「底辺への競争」のさらなる恐ろしい帰結としては、西欧諸国の一部や米国国内の一部地域において、実質的に現代の奴隷労働とも言えるような状況が生まれていることである。つまり、開発途上国の労働者が「良い生活を送れるようになる」という甘い言葉に釣られ、不法入国者として西欧の国々や米国に移り住み、非合法な搾取工場で働かされている。こうした不法入国者は、母国から連れ出した見返りを払ってもらうという名目で、場合によっては1日20時間、実質的に無償で働かされることすらある。そして多くの人々は、不法入国に対する処罰への恐れや言語の壁により、地元当局に助けを求めることもできない。

言うまでもなく、このような搾取工場をつくったり管理したりしている人々は犯罪者であり、非難されるべきである。しかし、こうした非合法かつ非人道的な業者に生産を委託している企業はどうなのか。これらの企業が、法的・道義的な責任を免れることははたして許されるのだろうか。[注19]

［ 経営政策上の選択 ］

ここまで検討してきたのは、ある企業が、競合と同様の製品を生産しているにもかかわらずコスト優位を獲得できる理由である。企業は同じような製品やサービスを生産する場合、規模の経済、学習曲線上の優位、生産要素へのアクセス、技術上の優位などによってコスト優位（あるいはコスト劣位）を獲得する可能性がある。

しかし場合によっては、どのような製品やサービスを販売するかという企業の選択そのものが、他社に対するコストポジションに影響することもある。このような選択を、**経営政策上の選択**（policy choices）と呼ぶ。

一般にコスト・リーダーシップ戦略を選択し追求する企業は、他の事業戦略や全社戦略を追求している企業に比べ、比較的簡素で標準化の度合いが高く、低価格な製品の生産を選ぶ傾向にある。この種の製品は販売量が多い傾

向にあるので、それを販売することは(十分な規模の経済が存在すれば)さらなるコスト低減につながる。

　製品や価格に関するこれらの選択は、コスト・リーダー企業の事業運営に対して広範な影響をもたらす。これらの企業では、コストを下げることが特定の部門やチームの責任ではなく、1人ひとりのマネジャーや従業員の責任とされる。場合によっては、コスト削減が企業の中核的目標になることもある。したがってこの場合、経営幹部は社内におけるコスト削減への取り組みが、自社の顧客ニーズを満たす能力を低下させていないかを、常に注視する必要がある。しかしコスト削減には、コラム「企業倫理と戦略」で述べたとおり、倫理上の問題もあり得ることを忘れてはならない。

◉──コスト・リーダーシップの経済的価値

到達目標 4.3

コスト・リーダーシップ戦略が、企業にとっていかにして経済的価値を生むかを説明できるようになる。

　似たような製品を生産している企業同士でも、コスト差が存在し得ることは明らかだ。また業界内の企業が、生産する製品の種類に関してどのような経営政策上の選択を行うかも、コスト差を生む要因である。しかし、こうしたコスト優位が実際に企業にとって経済的価値を生むかどうかは、どのような条件によって決まるのだろうか。

◉コスト・リーダーシップと外部環境における脅威

　第3章(上巻)では、ある経営資源やケイパビリティ(たとえば、コスト優位を生み出す能力)が企業にとって経済的価値を生むかどうかは、その経営資源やケイパビリティが外部環境における脅威の無力化や機会の活用に利用できるかによって判断できると述べた。

　本章では、コスト・リーダーシップ戦略によって脅威を無力化し得るかを検討する。コスト・リーダーシップ戦略によって機会を活用できるかは、練

習として読者自身で考えてみてほしい。コスト・リーダーシップ戦略がもたらす具体的な経済的影響については、コラム「より詳細な検討」で解説している。

　まず、コスト・リーダーシップ戦略は、コストに基づく参入障壁を築くことで、新規参入者の脅威(新規競合の脅威)を減らす。第2章(上巻)で紹介した規模の経済や、規模と無関係のコスト優位などの参入障壁の多くは、「既存企業は潜在的参入者に比べてコストが低い」という前提に基づいていたのを思い返してほしい。

　既存企業が、実際に上記いずれかの要因によってコスト・リーダーの地位を確保している場合、新規参入者は参入に先立って多額の資金を投じてコスト削減に取り組む必要がある。したがって多くの場合、新規参入者はコストで対抗しようとはせずに、他の事業戦略(例:製品差別化)を選んで参入を試みることになる。

　低コストの企業は、競合の脅威(既存企業同士の競争による脅威)を減らすこともできる。これは、低コストが可能にする低価格戦略、そしてそれが自社と高コストのライバル企業のパフォーマンスに差をつけることで実現する。

　第2章で述べたとおり、代替品が脅威になるのは、顧客にとって代替品のコストや性能面の魅力が、自社の既存製品や既存サービスの魅力よりも大きくなった時である(優良・低価格な代替品の脅威)。つまり、原油が値上がりすると、原油の代替品がより魅力的になる。電卓のコストや性能が改善すると、機械式計算機への需要が減る。

　コスト・リーダーの場合、代替品に対する自社の製品やサービスの魅力を維持できる可能性が高い。高コスト企業は、コストをまかなうために高い価格で製品を販売しなければならないため、代替品の魅力が高まりやすい。それに対してコスト・リーダーは、価格を低く維持しながらも標準的または標準を上回る経済的利益を獲得できる。

　次にサプライヤーは、顧客業界に対して供給する製品やサービスの価格を上げたり品質を下げることにより、顧客企業にとって脅威となる(供給者交渉力の脅威)。しかし、サプライヤーが製品やサービスを販売している相手(顧客企業)がコスト・リーダーである場合、その企業は高コスト企業に比べて、増大した供給品のコストを柔軟に吸収できる。したがって供給品のコストが増大した場合、高コスト企業は標準を上回る利益が消滅するかもしれないが、コ

スト・リーダーは依然として標準を上回る利益をあげる可能性がある。

　生産規模あるいは規模の経済に基づくコスト・リーダーシップ戦略も、サプライヤーの脅威を減らす。生産規模が大きいということは、原材料などの供給品をそれだけ大量に購入することを意味する。サプライヤーは売上げを失うことを恐れ、このような大口顧客を脅かすことは避けるはずだ。実際に先ほど述べたように、買い手が大量購入を後ろ盾にサプライヤーから数量割引を引き出せることも多い。

　企業はまたコスト・リーダーシップ戦略によって、買い手の脅威（購入者影響力の脅威）を減らすこともできる。影響力のある買い手が、企業に対して値下げ、あるいは製品やサービスの品質向上を要求してきた場合、その買い手は脅威となる。値下げは企業の売上げを脅かし、品質向上は企業のコストを増大させる。だがコスト・リーダーの場合、買い手の値下げ要求によって売上げが減少したとしても、標準的または標準を上回るパフォーマンスを維持できる可能性がある。また、製品やサービスの品質向上によってコストが増大しても、その増大したコストを吸収し、競合に対するコスト優位を維持できる可能性がある。

　また、買い手は後方垂直統合によって脅威となり得る。しかし、コスト・リーダーがいる業界に対して後方垂直統合を行ったとしても、買い手はそのコスト・リーダーほど低いコストを実現できないことが多い。したがって、コスト・リーダーシップには買い手による後方垂直統合を防ぐ効果がある。買い手はこの場合、後方垂直統合をして供給品のコストが高まってしまうよりは、よりコストの低い既存サプライヤーから購入し続けるだろう。

　最後に、生産規模に基づくコスト・リーダーシップも買い手の脅威を減らす可能性がある。サプライヤー（コスト・リーダーとしての自社）の生産規模が大きい場合、買い手は製品やサービスの入手先としてその企業に依存している可能性がある。したがって、買い手はサプライヤーに脅威を及ぼすことを避けるようになる。

コスト・リーダーシップ戦略の経済学的分析

　コスト・リーダーシップ戦略が経済的価値の源泉となり得ることを示す1つの方法は、コスト優位を持つ企業が、非常に競争が激しい業界において生み出している経済的利益を直接検証することである。これを実際に行ったのが**図4.3**である。

　この図で示した企業は、**プライス・テイカー**(price takers)と呼ばれる。つまり個々の企業の意思ではなく、市場の需給環境によって販売する製品やサービスの価格が決まる。したがって、この市場には製品差別化の余地はなく、市場の大部分を占有している企業は存在しない。

　このような市場における製品やサービスの市場価格($P*$)は、業界の総供給と総需要によって決まる。そしてこの市場価格に基づいて、業界内の個々の企業に対する需要量が決まる。この場合、各企業はプライス・テイカーなので、個々の企業が直面する需要曲線は水平になる。つまり、企業の生産水準に関する意思決定は業界全体の供給量にほとんど影響を与えず、したがって市場価格にもほとんど影響を与えない。この状況にある企業が経済的パフォーマンスを最大化する方法は、限界収益(MR)が限界費用(MC)とイコールになる水準(Q)で生産することである。この状況下で企業が利益を獲得でき

図4.3 | コスト・リーダーシップと経済的パフォーマンス

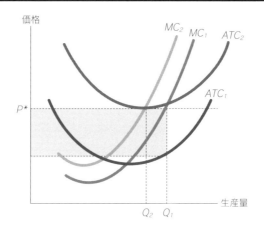

るかどうかは、市場価格（$P*$）と企業が選択した生産水準における平均総費用（ATC）の関係によって決まる。

　図4.3で示した市場に属する企業群は、2つのカテゴリーに分かれる。1社を除くすべての企業は、平均総費用曲線がATC_2であり限界費用曲線がMC_2である。残りの1社は、平均総費用曲線がATC_1であり限界費用曲線がMC_1である。パフォーマンスを最大化する生産水準（それぞれQ_1とQ_2）では、いずれもATC_1がATC_2を下回っている点に注目してほしい。したがって、共通の平均総費用曲線（ATC_2）を持つ各企業の経済的利益はゼロで、コストがとりわけ低い1社は経済的利益をあげている（利益の大きさは図の網かけ部分の面積に等しい）。

　しかし、他にもさまざまな状況が考えられる。コスト・リーダー企業の利益がゼロで業界内の他企業が損失を出している場合や、コスト・リーダー企業が大きな利益を獲得し他の企業がこれよりも少ない利益を獲得している場合、コスト・リーダー企業が小さな損失を出していて他企業が大きな損失を出している場合などである。ただしいずれの場合も、コスト・リーダーの経済的パフォーマンスは業界内の他企業を上回っている。したがって、コスト・リーダーシップ戦略は、企業の経済的パフォーマンスに重要な影響をもたらすと言える。

●──コスト・リーダーシップ戦略と持続的競争優位

到達目標 4.4
コスト・リーダーシップの源泉のうち、希少かつ模倣困難である可能性が高いものと、その可能性が低いものを挙げられるようになる。

　コスト・リーダーシップが経済的価値を持ち得ることがわかったところで、次に検討すべき問いは、「コスト・リーダーシップ戦略を追求している企業がコスト・リーダーとして地位を維持し、持続的競争優位を獲得する条件は何か」である。業界内の無数の企業によってコスト・リーダーシップ戦略が実行可能な場合、または誰もがコスト上の劣位に陥ることなく他社のコスト・リーダーシップ戦略を模倣できる場合、コスト・リーダーであることは持続的競争優位をもたらさない。

表4.5｜コスト優位の源泉の希少性

希少である可能性が高いコスト優位の源泉	希少である可能性が低いコスト優位の源泉
学習曲線上の経済性（特に新興業界において）	規模の経済（例外：効率的な生産規模が業界の総需要と同等な場合）
生産要素への差別的な低コストのアクセス	規模の不経済
技術的ソフトウエア	技術的ハードウエア（例外：固有のハードウエア開発能力を有している場合） 経営政策上の選択

表4.6｜コスト・リーダーシップの直接的複製

		複製コストが高くなる要因		
	コスト優位の源泉	歴史	不確実性	社会的複雑性
低コストの複製が可能	1. 規模の経済	—	—	—
	2. 規模の不経済	—	—	—
複製コストが高い場合がある	3. 学習曲線上の経済	＊	—	—
	4. 技術的ハードウエア	—	＊	＊
	5. 経営政策上の選択	＊	—	—
通常は複製コストが高い	6. 生産要素への差別的な低コストのアクセス	＊＊＊	—	＊＊
	7. 技術的ソフトウエア	＊＊＊	＊＊	＊＊＊

－：模倣コストが高まる要因とはならない、＊：模倣コストが高まる要因となる可能性がやや高い、＊＊：模倣コストが高まる要因となる可能性が高い、＊＊＊：模倣コストが高まる要因となる可能性がかなり高い

第3章（上巻）で示したとおり、価値を有するコスト・リーダーシップ戦略が持続的競争優位をもたらす条件は、その戦略に希少性があり、かつ直接的複製か代替によるかにかかわらず、模倣コストが高いことである。**表4.5**と**表4.6**で示すとおり、コスト・リーダーシップ戦略が希少性や模倣困難性を持つかどうかは、どのようなコスト優位の源泉に基づいているかが、少なくとも部分的には影響している。

◉コスト優位の源泉の希少性

表4.5には、競争関係にあるいくつかの企業の間で希少である可能性が高いコスト優位の源泉と、その可能性が低いコスト優位をリストアップした。希少である可能性が高いコスト優位の源泉は、学習曲線上の経済（特に新興業界において）、生産要素への差別的な低コストのアクセス、および技術的ソフト

ウエアである。それ以外のコスト優位の源泉は、この3つよりも希少である可能性が低い。

[希少なコスト優位の源泉]

　ある業界が発展の初期段階にある場合、個々の企業によって累積生産量が大きく異なることがよくある。実際このことは第2章（上巻）で紹介したとおり、先行者優位がもたらす主要なメリットの1つである。累積生産量が企業によって大きく異なり、さらに大きな学習曲線上の経済性が存在する場合、企業の学習曲線上の優位は希少であり、少なくとも一時的な競争優位の源泉となり得る。

　生産要素への差別化されたアクセスは、定義上希少であることが明らかだ。当然、他の多くの競合が同じようなアクセスを確保していたら、それはコスト優位の源泉とはなり得ない。

　技術的ソフトウエアも、競争する企業間で希少である可能性が高い。企業の技術的ソフトウエアは、個々の企業がたどってきた歴史を反映するものである。企業が独自の歴史をたどってきたならば、そこから生み出される技術的ソフトウエアも独自性を持つ。当然ながら、似たような歴史をたどってきた企業の間では、個々の企業の技術的ソフトウエアが希少性を持つ可能性が低くなる。

[希少性が低いコスト優位の源泉]

　その業界における企業や工場の効率的生産規模が、業界全体の規模に比べてきわめて小さい場合、その業界には高効率性の企業や工場が数多く存在することが考えられる。この場合、規模の経済に基づくコスト・リーダーシップ戦略は希少性を持たない。たとえば、ある業界の効率的生産規模が500単位で、業界全体の規模が（生産単位で見た時に）50万単位である場合、効率的な企業や工場は数多く存在するだろう。したがって、特定の企業が規模の経済によってコストに基づく競争優位を獲得する可能性は低い。

　規模の不経済に基づくコスト優位も、希少である可能性は低い。業界内の数多くの企業が、最適生産水準を上回る水準で生産しているという状況は稀

である。一部の企業の生産水準が高すぎるとすれば、業界内の他の企業はこれらの企業に対してコスト優位を獲得する。しかしこの場合、複数の企業がコスト優位を持つので、希少性があるとは言えない。

　ただし、こうした一般論に対する重要な例外として、技術革新によって効率的生産規模が著しく縮小する場合がある。そのような技術革新があった場合、他の複数企業が効率的な規模を上回るかもしれない。ある少数の企業が技術革新によって適切な生産規模を持つようになったならば、これらの企業が獲得するコスト優位は希少性があると言える。

　たとえば技術革新により、従来の一貫製鉄所は、より小規模なミニミルに対して「大きすぎる」という状況に陥っている。よってミニミルを持つ企業は、大規模な一貫製鉄所に対してコスト優位を有する。

　技術的ハードウエアも希少性を持つ可能性は低い。サプライヤーによって開発され、ちまたの市場で販売されている製品などは特にそうだ。しかし、独自の技術開発スキルを持つ企業は、コスト優位を生み出す希少性の高い技術的ハードウエアを持っている可能性がある。

　最後に、経営政策上の選択は、希少なコスト優位の源泉となる可能性が低い。特にその企業が選んだ製品やサービスの特性が簡単に観察でき記述できる場合は、その可能性が低い。

◉コスト優位の源泉の模倣困難性

　コスト優位の源泉は、希少であるだけでなく、模倣コストも高くなければ持続的競争優位の源泉とはならない。模倣コストを考えるうえでは、直接的複製による模倣と代替による模倣のどちらも重要である。表4.6で示したとおり、コスト優位の模倣困難性は、希少性の場合と同じくコスト優位の源泉によって異なる。

［ 複製することが容易なコスト優位の源泉 ］

　一般に、規模の経済と規模の不経済は複製することが比較的容易なコスト・リーダーシップの源泉である。表4.6で示したとおり、これらのコスト優位の源泉は、歴史、不確実性、社会的に複雑な経営資源やケイパビリティなど

に基づいておらず、複製から守られていない。

　たとえば、ある少数企業が規模の経済を利用してコスト優位を獲得したが、競合の間でこの生産規模とコストの関係が広く認識されていれば、コスト劣位に置かれた競合は素早く生産規模を調整し、同じように規模の経済を利用するだろう。その際それらの競合には、規模の経済が発揮されるまで既存の生産活動を徐々に拡大するという手段と、別々だった複数の事業を統合して一気に規模の経済を確保するという手段がある。いずれの手段をとったとしても、それまでコスト劣位に置かれていた競合企業は、特殊な機械の利用、生産工場・設備のコスト低減、従業員の分業化、間接コストの分散などが行えるようになる。

　おそらく、規模の経済が低コストの複製にさらされない唯一の状況と言えば、効率的生産規模が業界における総需要の大半を占めている場合であろう。もちろん、これは第2章で紹介したように、規模の経済が参入障壁として作用するケースである。たとえば、使い捨てボールペン市場において支配的シェアを確保しているBICは、おそらくは規模の経済を利用して大きなコスト優位を確保・維持していると思われるが、BICがこのような優位を維持できているのは、使い捨てボールペン市場における最適生産規模が市場全体の大部分を占め、したがって規模の経済が参入障壁として作用しているからである。

　規模の経済と同様に、他社が陥っている規模の不経済を源泉にコスト優位を享受している企業（自社の生産規模が過大にならないようにする）も、ほとんどの場合それが持続的競争優位の源泉とはならない。短期的には、規模の不経済に影響されている企業が生産規模を縮小し、効率性を改善させる可能性がある。また長期的には、生産規模を調整できなかった企業は標準を下回る経済的パフォーマンスを続け、いずれ消滅するだろう。

　企業や工場のマネジャーがこのように生産規模を縮小し、効率性を向上させることはシンプルな問題と思える。しかしこのような変革は、実際のところそれほど容易ではない。不確実性ゆえに、生産規模が過剰な企業や工場のマネジャーは、自社のコスト増大を招いているのが規模の不経済だと見抜けないかもしれない。それらのマネジャーは、従業員の努力が不足していると考えたり、生産プロセスのある部分を修正すれば効率性を向上できると考える可能性がある。したがって企業や工場は、コストが業界平均を上回っていても、非効率的な生産を一定期間続けてしまう場合がある。[注20]

マネジャーが過剰な生産能力をすぐには切り捨てられないことに関しては、心理的要因も作用する。そのうちの1つは、**立場固定**(escalation of commitment)と呼ばれる心理現象である。誤った行動方針(コストを増大させ、または売上げを減少させる行動)を採用したマネジャーは、その欠点が明らかになった時、かえってその行動へのコミットメントを高めてしまう場合があるのだ。

　たとえば、業界内の最適事業規模を実際よりも大きな規模だと信じ切っているマネジャーは、自社のコストが業界平均を上回っていても、大規模な生産を行うという従来の方針を維持してしまう可能性がある。[注21]

　以上の理由から、規模の不経済にさらされている企業は、コストを低減するにあたって外部から招いたマネジャーに頼ることが多い。外部人材は組織が抱えている問題を新鮮な目で見ることができ、問題の元凶となっている慣習に縛られていないからだ。[注22]

［ 複製コストが高い場合があるコスト・リーダーシップの要因 ］

　学習曲線上の優位には、希少性はある(特に新興業界において)が、模倣コストは高くない。第2章で示したとおり、学習曲線上の優位が持続的競争優位の源泉になるには、学習した内容がその企業固有のものでなければならない。近年における実証研究の多くは、大半の業界における学習に固有性がないことを示している。したがって競合は素早く累積生産量を高め、学習曲線上を下っていき、その学習曲線上の優位を複製できる。[注23]

　しかし、学習の複製コストが大半の業界では高くないとしても、複製コストが高くなる場合がまったく存在しないわけではない。なかには生産経験から学習する能力が、個々の企業ごとに大きく異なる業界がある。たとえば企業によっては生産上のミスを失敗ととらえ、ミスをした従業員には有無を言わさず処罰を与える。この場合、生産スタッフはリスクテイクを避けるようになり、企業は生産プロセスの改善方法を学習するチャンスを失うことになる。それに対して、生産上のミスを生産プロセスの改善機会としてとらえる企業もある。このような企業は学習曲線上を素早く下っていき、他社の累積生産量にかかわらず、コスト優位を維持できる可能性がある。生産上のミスに対する異なる対応は、それぞれの企業の組織文化の違いを反映している。組織文化は社会的複雑性を帯びており、複製するコストは高い。[注24]

技術的ハードウエアも、通常は供給品市場において購入できるので、複製は容易である。しかし場合によっては、技術的ハードウエアが専有技術であったり、他の企業の独自で複製コストの高い経営資源と一体化していたりする。これらの場合、技術的ハードウエアは複製コストが高くなる可能性が出てくる。

経営政策上の選択が、企業にとって持続的競争優位の源泉になることは稀だが、まったくあり得ないわけではない。先ほど述べたとおり、その選択が容易に観察でき、容易に記述できる製品特性に関するものであれば、そうした経営政策上の選択は一時的コスト優位しかもたらさない。

しかし、ある経営政策上の選択が、企業内における複雑な意思決定プロセス、製品の企画・生産プロセスのさまざまな段階におけるチーム間の協力、あるいは既述の技術的ソフトウエアのいずれかを反映したものであれば、その経営政策上の選択は少数の企業しか行えない。そのような場合は、持続的競争優位の源泉になる可能性がある。実際、魅力の低い業界で成功している企業は、たいてい歴史的経緯に基づき、因果関係が不明で、かつ社会的複雑性の高いプロセスを背景に経営政策上の選択を行う。したがって、そうした選択を他社が模倣するコストは高くなる。

たとえば、ウォルマート（Wal-Mart）のサプライチェーン・マネジメント戦略（コスト低減に直結する経営政策）は、ウォルマート独自の歴史、サプライヤーとの社会的に複雑な関係、ユニークな組織文化を背景としている。ライアンエアーの低価格戦略（同社の低いコストポジションを反映した戦略）は、同社が長期にわたって構築してきた独自の保有機種のパターン、会社の成功への従業員のコミットメント、カリスマ性のある創業者、ユニークな組織文化などを背景にしている。模倣コストの高い属性を反映したこれらの経営政策は、持続的競争優位の源泉になり得る。

ただし、これらの企業をはじめとするあらゆる企業にとって、持続的コスト優位をもたらすのは、経営政策上の選択そのものではない。複製コストを高めているのは、そうした経営政策が、独自の歴史に基づき、因果関係が不明で、かつ社会的複雑性を有する複雑な企業内プロセスを背景としている事実である。

［ 複製コストの高いコスト優位の源泉 ］

通常、低コストの生産要素への差別化されたアクセスや技術的ソフトウエアは、複製コストの高いコスト・リーダーシップ要因である。これらの要素は、独自の歴史に基づき、不確実で、かつ社会的複雑性を帯びる経営資源やケイパビリティを背景とする場合が多いからである。先述のとおり、生産要素への差別化されたアクセスは多くの場合、その企業の立地が決め手となる。また、価値ある立地が経済的利益をもたらすためには、その最大価値が広く知れわたる前に立地を確保しなければならない。こうした特徴を考慮すると、生産要素への差別化されたアクセスに希少性がある場合は、必然的に複製コストも高くなると言える。

第1に、その立地が固有のものであり、複製がそもそも不可能な場合がある。たとえば、多くの会員制ゴルフクラブの経営者は、カリフォルニア州モントレー半島にある壮大で美しいペブルビーチにゴルフコースを所有したいと思うだろう。しかし、ペブルビーチは世界にたった1つしかない。世界でも有数の景色を誇るペブルビーチのゴルフコースは、たった1つしか存在し得ないのである。ゴルフ場の運営・管理において「景色」は重要な生産要素だが、ペブルビーチの景色を別の場所で再現することは技術的に不可能だ。

第2に、ある立地に固有性がなかったとしても、価値が明らかになってからその立地を確保することは経済的利益を生む可能性が低い。たとえば、エレクトロニクス企業はシリコンバレーを拠点とすることで、重要な生産要素に低コストでアクセスできる。しかし、シリコンバレーを拠点とする価値が広く知られた後で拠点を移した企業は、最大価値が明らかになる前から拠点を置いている企業に比べ、かなり高いコストを負担することになる。

こうした高コストは、本来ならばその立地が生んだであろう経済的利益を減少させる。したがって第3章の議論に戻ると、経済的利益を生むようなかたちで生産要素への差別的アクセスを確保できるかどうかは、その企業のたどってきた歴史的経路に依存している。

また技術的ソフトウエアも複製が難しいことが多く、持続的競争優位の源泉になる可能性が高い。第3章でも示したとおり、技術的ソフトウエアを構成する価値観、信条、企業文化、チームワークなどの要素は社会的複雑性を帯びており、競合による複製が困難な可能性が高い。

こうした社会的に複雑な経営資源に基づいてコスト優位を確保した企業は、組織のあらゆる側面にコスト節減をもたらす要素が組み込まれている。常に事業の質とコストを改善させることを目指して活動し、従業員はコスト・リーダーの地位を維持するために何をすべきか理解し、それを実行することに強くコミットしている。他の企業でも低コストを話題にすることはあるかもしれないが、この種の企業はコスト・リーダーシップを常に実践しているのである。実例としては、ライアンエアー、デル（Dell）、ウォルマート、サウスウエスト航空（Southwest Airline）などの企業である。以上のような信条やコミットメントを持つ企業が業界内で他にほとんど存在しなければ、その企業はコスト優位に基づく持続的競争優位を獲得する可能性がある。

[コスト優位の源泉の代替]

重要な点として、ここまで本章で挙げてきたコスト優位の源泉は、すべて互いに、少なくとも部分的に、代替し得る。つまり、ある企業は規模の経済を利用して大規模生産によってコストを低減するかもしれないし、他の競合企業は自らの累積生産量や学習曲線上の経済性を利用してコストを低減するかもしれない。これらの異なる企業行動は、それぞれのコストポジションに似たような影響をもたらし、かつ実行するコストが同等であれば、この2種類のアプローチは互いに代替関係にある。

コスト優位の源泉が互いに代替性を持つことから、一企業が本章で取り上げたコスト削減活動をすべて同時に行うことも珍しくない。この場合、これら複数のコスト削減活動が1つの束<ruby>束<rt>たば</rt></ruby>として、ほぼ代替され得ないということはある。この束としてのコスト削減活動が希少性や模倣困難性を持つものであれば、企業はそれらの活動に取り組むことで持続的競争優位を獲得できるだろう。

なお、以降の章で取り上げるいくつかの戦略も企業のコストを低減する可能性があり、したがって、本章で挙げたコスト低減の源泉に対する代替となり得る。

たとえば戦略的提携を行う企業は、他社と事業を組み合わせることで規模の経済を生み出すことを狙う場合が多い。したがって、戦略的提携によるコスト低減は、単独で規模の経済を実現してコスト低減を狙うことの代替的ア

プローチと言える。たとえば、本書の第11章(下巻)で詳しく述べるとおり、ボーキサイトの採掘企業とアルミニウム製錬を行う企業の間で結ばれている戦略的提携の多くは、規模の経済の活用やコスト低減を狙いとしている。

　また全社レベルでの経営多角化戦略は、さまざまな事業部が横断的に規模の経済を生み出すことを可能にする。この場合、各事業部は別々に運営されれば生産規模上の劣位に置かれるかもしれない。しかし、複数の事業部を組み合わせることにより、単独事業で規模の経済に基づくコスト低減を実現している他企業と同じ水準の低コストポジションを実現できる可能性がある。

◉──コスト・リーダーシップ戦略を実行するための組織体制

到達目標 4.5
企業がコスト・リーダーシップ戦略を実行するにあたって、
機能別組織構造、公式・非公式の経営管理システム、報酬政策を
いかに活用するかを説明できるようになる。

　すべての他の戦略と同様、コスト・リーダーシップ戦略の実行を画策する企業は、その戦略を支える組織構造、経営管理システム、報酬政策を築かなければならない。**表4.7**には、これら組織的ツールを用いてコスト・リーダーシップ戦略を実行する際のポイントをいくつか挙げた。

◉コスト・リーダーシップ戦略の実行における組織構造

　表4.7で示したとおり、コスト・リーダーシップ戦略を追求する企業は一般に、**機能別組織構造**(functional organizational structure)を採用する。[注25] **図4.4**には、機能別組織の一例を図示した。個々の戦略によって多少の違いはあるものの、機能別組織はコスト・リーダーシップ戦略だけでなく、すべての事業戦略の実行に用いられる。

　機能別組織では、主要な個々の機能部門は各**機能部門マネジャー**(functional manager)によって管理される。たとえば、ある機能別組織に、製造、マー

表4.7 | コスト・リーダーシップ戦略のポテンシャルを完全に実現するための組織体制

組織構造：機能別組織
1. 階層の少ない指揮命令系統
2. 簡素な報告関係
3. 小規模な本社スタッフ
4. 狭い範囲の機能分野に集中

経営管理システム
1. 厳格なコスト管理システム
2. 頻繁かつ詳細なコスト管理報告
3. 数値的なコスト目標・ターゲットの設定
4. 労働力、原材料、在庫などのコストに対する詳細なモニタリング
5. コスト・リーダーシップの理念

報酬政策
1. コスト削減を評価する報酬制度
2. すべての従業員がコスト削減活動に関与するようなインセンティブ

図4.4 | 機能別組織（U型組織）の例

最高経営責任者（CEO）

製造　　　営業　　　研究開発　　　人的資源管理　　　法務

ケティング、財務、経理、営業といった機能分野が存在する場合、それぞれ
の機能部門は、製造部門マネジャー、マーケティング部門マネジャー、財務
部門マネジャー等々が統括する。機能別組織の場合、これらの機能部門マネ
ジャーたちは全員、たった1人の人物への報告義務を負う。この人物とは企
業によって社長、CEO、会長、創業者など、さまざまな肩書を持つ場合があ
る。ただし、ここではこの人物のことをCEO（最高経営責任者、chief executive
officer）と呼ぶことにする。

　機能別組織におけるCEOは特殊な立場にある。CEO以外は全員、それぞ
れの機能分野のスペシャリストである。したがって、製造部門の人々は製造
を行い、マーケティング部門の人々はマーケティングを行い、財務部門の人々
は財務を行う。機能別組織において機能横断的視点を持たなければならない
人物は、CEOただ1人である。CEOがかなり重要な役割を果たすことから、
機能別組織はU型組織（U-form structure）と呼ばれることもある。この場合の
Uは"Unitary"（一元的）の頭文字からきており、機能横断的な広い視点から全

社を見渡す役割が、1人の人物に集約されていることを意味する。

　U型組織によってコスト・リーダーシップ戦略を実行する場合、組織構造は極力シンプルに保たれる傾向がある。つまり表4.7でも示したとおり、コスト・リーダーシップ戦略を追求する企業は、指揮命令系統の階層が比較的少ない。よって、1人の従業員が2人以上の上司に報告する**マトリクス型組織**（matrix structure）など、複雑な指揮命令系統は忌避される。また、本社のスタッフは少数に維持される。この種の企業は幅広い機能分野に手を出すことはなく、価値を有し、希少で、模倣コストの高い経営資源やケイパビリティを有する一握りの機能分野に集中する。

　コスト・リーダーシップ戦略を追求している企業の好例としては、ニューコア（Nucor）が挙げられる。ミニミル型の製鉄において業界をリードする同社は、5階層からなる指揮命令系統を採用しており、生産コストの高い他の大手競合の12から15階層と比べてかなり少ない。ニューコアにおける事業運営上の権限はほとんど工場長に委ねられており、こうした工場長がそれぞれ担当する部門の収益に対して全面的責任を負う。また、同社の本社スタッフは小規模であり、売上げやコストの経理作業を行ったり、操業コストのさらなる削減やビジネス機会の拡大に向けて、新たな製造プロセスの導入を検討することに専念している。

　元社長のケン・アイバーソン（Ken Iverson）によれば、ニューコアが競争力を持っている要因は、効率的に工場を建設し、それを効果的に操業する、というたった2つの活動であるという。したがってニューコアは、この2つの活動のみに集中し、原材料の調達など、他の機能分野はすべて外部のベンダーに委託している。^(注27)

［ 機能別組織におけるCEOの役割 ］

　U型組織におけるCEOの役割は主に（1）戦略の策定と、（2）策定した戦略の実行に向けて各機能部門の活動を調整することである。特にその戦略がコスト・リーダーシップである場合、CEOは何に基づいてコスト・リーダーシップを目指すのかを選び（たとえば表4.1に挙げた要素から）、それから当該戦略の経済的ポテンシャルを完全に発揮できるよう、各機能部門の調整を行う。

戦略の策定

　U型組織におけるCEOは、第1章（上巻）で紹介した戦略経営プロセスに従って戦略を策定する。CEOは企業のミッションやそれに関連する企業目標を設定し、外部環境における脅威や機会を分析し、企業の強みや弱みを把握し、本書で紹介する事業戦略や全社戦略から実行するものを1つ以上選択する。

　コスト・リーダーシップ戦略を選ぶのであれば、CEOは、戦略経営プロセスを適用した結果として、コスト・リーダーシップ型の事業戦略を実行することが自社のミッション達成にとって最善の方法であるという結論にいたっていなければならない。

　U型組織における戦略の策定は、最終的にはCEOの責任である。CEOはそれを行うにあたって会社中の機能部門マネジャーを巻き込み、その洞察や分析を参考にする必要がある。だが、CEOが戦略の策定に機能部門マネジャーを関与させなかった場合、いくつかのリスクが生まれる。

　第1に、不完全な情報に基づいて、戦略を選択してしまう可能性がある。第2に、機能部門マネジャーの戦略への理解やコミットメントが不完全になる可能性がある。この場合、選択された戦略（たとえば、コスト・リーダーシップ戦略）を実行する機能部門マネジャーの能力や意欲が大きく制約される可能性がある。^(注28)

戦略実行に向けた機能部門の調整

　戦略をいくら入念に策定しても、それを実行しないことには意味がない。そして、戦略を効果的に実行するためには、社内すべての機能部門が戦略に沿って活動しなければならない。

　たとえば、同じくコスト・リーダーシップ戦略をとっている2つの企業を比較してみよう。1つ目の企業は、マーケティング以外すべての機能部門がコスト・リーダーシップ戦略に沿って活動している。マーケティング部門がその戦略に沿っていないということは、この企業は実際に販売している製品の特徴をまったくとらえていない広告宣伝活動を行っていると考えられる。つまり、広告ではスタイリッシュさと性能の高さを強調しながら、実際の製品は安定感があり（しかし、スタイリッシュとは言えず）、低価格である（しかし、性能が高いとは言えない）かもしれない。製品の特徴をとらえていないマーケティングを行う企業は、顧客の期待を裏切る可能性が高い。

表4.8	機能部門とコスト・リーダーシップ戦略が乖離している状況	
	機能部門がコスト・リーダーシップ戦略と整合性を持つ場合	機能部門がコスト・リーダーシップ戦略と乖離している場合
製造	効率的な生産、低コスト、高品質	非効率的な生産、高コスト、低品質
マーケティング	価値、信頼性、価格の強調	スタイリッシュさや性能の強調
研究開発	製品寿命やプロセス改善を重視	革新的な技術や製品の開発を重視
財務	低コストや安定した財務構造を重視	型破りの金融商品を重視
経理	コストに関するデータを収集し、保守的な会計原則に従う	コストに関するデータを収集せず、攻めの会計原則に従う
営業	価値、信頼性、低価格を意識した営業活動	スタイル、性能、高価格を意識した営業活動

　それに対して2つ目の企業は、マーケティングを含めたすべての機能部門が戦略に沿って活動している。この企業は製品特徴をとらえた広告宣伝活動を行う可能性が高く、顧客の期待を裏切る可能性が低い。長期的に見れば、少なくともコスト・リーダーシップ戦略をうまく実行できる可能性は、2つ目の企業のほうが高いと考えるのが妥当だろう。

　もちろん、戦略に沿っていなければならないのはマーケティングだけではなく、社内すべての機能部門である。また、どの機能部門についても戦略との乖離が生まれる可能性がある。**表4.8**には、機能部門とコスト・リーダーシップ戦略が乖離する一般的な状況をリストアップした。

コスト・リーダーシップ戦略の実行における経営管理システム

　表4.7で示したとおり、コスト・リーダーシップ戦略を追求している企業は、厳格なコスト管理システム、頻繁かつ詳細なコスト管理報告、数値的なコスト目標・ターゲットの設定、労働力、原材料、在庫などのコストに対する詳細なモニタリングなどを特徴とする。この点に関しても、やはりニューコアがこの種の管理システムを導入している企業の好例だ。

　ニューコアでは、従業員がグループごとにコスト改善や生産性向上に関する週単位の目標を課される。これらの目標を達成したり上回ったりしたグループにはボーナスが支払われる。また、工場長は担当する工場のコストや利益のパフォーマンスに対して責任を負う。会社目標を満たすパフォーマンスをあげていない工場長は、そのうち会社での立場が危ぶまれるようになる。このようなグループ単位のコスト削減システムは、チャパラル・スチール

（Chaparral Steel、訳注：2007年にゲルダウ・アメリスチールに買収された）など、ニューコアの主要な競合にも導入されている。[注29]

　また、このように公式に定まったもの以外でも、コスト・リーダーシップ企業においてコスト低減の価値観を推進する管理システムがある。たとえば、ウォルマートは世界有数の成功を収めている小売業者だが、アーカンソー州にある本社はかなり質素だ。なかには、ウォルマートの本社を倉庫のようだと言う人もいる。ある人は、本社の内装がどんな感じかと尋ねられ、「大昔の長距離バスの待合室のようだ」と答えたという逸話もある。また、ウォルマートは、「お客様のコストを最小限に抑えるのを手伝ってください」と、駐車場でショッピングカートを指定の場所に戻すよう呼びかけるなどして、顧客をもコスト低減活動に取り込んでいる。[注30]

コスト・リーダーシップ戦略の実行と報酬政策

　表4.7で示したとおり、コスト・リーダーシップ企業における従業員の報酬は、コスト削減と直接結びついている。従業員に対しては、コスト削減や品質の維持・向上に協力して取り組むようなインセンティブが与えられ、従業員1人ひとりがコストや品質に対して責任を持つことを求められる。

　たとえばウォルマートなどの小売業者にとっては、物を盗むことの婉曲表現である「シュリンケージ（収縮）」が、1つの大きなコスト要因である。一般にウォルマートの店舗で確認されているシュリンケージの約半数は、従業員自身が会社の商品を盗むケースである。

　ウォルマートはかつて、シュリンケージ対策が大きな課題だった。そこで同社は、他の対策（たとえば、挨拶係に扮した万引き防止係を雇うなど）に加えて新たな報酬スキームを策定し、シュリンケージの減少によるコスト節減の半分をボーナスとして従業員へ分配した。このようなインセンティブを導入したことにより、シュリンケージ問題は大きく改善した。

本章の要約 Summary

　実質的に同様の製品を生産している企業同士でも、コストが異なる要因はいくつかある。なかでも重要なのは、(1)規模の差と規模の経済、(2)規模の差と規模の不経済、(3)経験の差と学習曲線上の経済性、(4)生産要素への差

別的な低コストのアクセス、(5)規模と無関係な技術上の優位、である。

それに加え、どのような製品やサービスを販売するかという企業の経営政策上の選択も、業界内の相対的コストポジションに重大な影響をもたらす。企業は業界内でコスト・リーダーの地位を確保することにより、第2章(上巻)で紹介した5つの外部環境の脅威を減らすことができ、それによって経済的価値がもたらされる。

この章で取り上げたコスト優位の源泉は、もしも希少性があり、模倣コストが高ければ、持続的競争優位の源泉になり得る。一般に、学習曲線上の経済性、生産要素への差別的アクセス、技術的ソフトウエアは、他のコスト優位の源泉よりも希少性を持つ可能性が高い。このうち生産要素への差別的アクセスと技術的ソフトウエアは、他のコスト優位の源泉に比べ、(直接的複製か代替によるかを問わず)模倣コストも高い傾向にある。

したがって生産要素への差別的アクセスや技術的ソフトウエアに基づくコスト優位は、他の源泉によるコスト優位に比べ、持続的競争優位の源泉になる可能性が高い。

もちろん、企業がこうした競争優位のポテンシャルを完全に発揮するためには、適切な組織体制を築く必要がある。戦略の実行に向けた組織体制の整備には、組織構造、経営管理システム、報酬政策が必ず関わってくる。

コスト・リーダーシップ戦略(ならびに、その他の事業戦略)の実行に用いられる組織構造は、機能別組織(U型組織)と呼ばれる。このような組織では、CEOが唯一全社的な視点を持った人物である。CEOの役割は、戦略を策定することと、企業内の各機能部門を調整して戦略を実行することである。戦略の実行を成功させるうえで重要なのは、各機能部門が戦略に沿って活動させることである。

コスト・リーダーシップ戦略の実行に際してU型組織を採用する場合、その組織は一般に階層が少なく、指揮命令系統がシンプルであり、本社スタッフが小規模である。また、狭い範囲の機能分野に集中する傾向にある。

コスト・リーダーシップ戦略に用いられる経営管理システムには、厳格なコスト管理システム、数値的なコスト目標、労働力・原材料・在庫などのコストに対する詳細なモニタリング、そして、コスト・リーダーシップを重んじる組織文化や価値観がある。

最後に、コスト・リーダーシップ企業における報酬政策は、コスト削減の

達成を高く評価し、会社としてのコスト削減に全従業員が貢献するようなインセンティブを与える。

チャレンジ問題 Challenge Questions

4.1 ライアンエアー、ウォルマート、タイメックス、カシオ、ヒュンダイ（Hyundai）などは、コスト・リーダーシップ戦略を追求する企業の例として頻繁に取り上げられる。しかし、どちらかと言えば製品差別化戦略と関連性が強そうに思える広告活動も積極的に行っている。これらの企業は本当にコスト・リーダーシップ戦略を追求していると言えるだろうか。低コストを強調した製品差別化戦略を追求しているとは言えないだろうか。

4.2 コスト・リーダーシップを実現する一般的アプローチの1つとして、調達の段階で規模の経済を確保することがある。このようなアプローチは、サプライヤーとの割引交渉を有利に進められるよう、生産要素を大きな単位で購入し導入することを伴う。しかし、技術プロセスの進歩により、このようなアプローチによらなくてもコスト・リーダーシップを実現できる可能性が出てきた。それはなぜか、議論せよ。

4.3 顧客が価格に対して鈍感な業界（例：ぜいたく品）で活動する企業が、コスト・リーダーシップ戦略を選ぶことがある。このような業界では、競合の多くが製品差別化を追求するが、そのなかでコスト・リーダーシップを目指すことは賢明な判断と言えるだろうか。このような業界でコスト・リーダーシップ戦略に望まれる成果は何か。

4.4 学習曲線とコスト・リーダーシップには、どのような関係があるか。両者に正の相関はあるか。

4.5 コスト・リーダーシップ戦略を実行する組織体制を整備するうえでは、集権的な組織をつくり、直接的な指揮監督を増やし、従業員の賃金を最小限に抑えるべきだという考え方がある。これに対して、個々のケースにおいてコスト低減の方法を一番熟知している人が意思決定を行えるよう、意思決定の権限を分権化するアプローチも考えられる。この分権化アプローチをとった場合、直接的な指揮監督は減り、従業員の賃金水準はやや高くなることが予想される。それぞれのアプローチの論理を説明せよ。

4.6　規模の経済と生産要素への差別化された低コストのアクセスは、いずれもコスト・リーダーシップの要因である。この2つの要因に関連性はあるか。

4.7　コスト・リーダーシップ戦略の実行に際して、2つの異なるアプローチを同時にとることが望ましい状況、望ましくない状況とはそれぞれどのようなものか。

演習問題 Problem Set

4.8　図4.1の規模の経済曲線は数式であらわすと次のとおりである。

$$平均コスト = a + bQ + cQ^2$$

この場合、Qは企業の生産量であり、a、b、cはそれぞれ業界データから概算した係数である。たとえばある研究によれば、米国における貯蓄貸付組合(住宅ローンを主な目的とする貯蓄金融機関、savings and loans)業界の規模の経済曲線は、次の数式であらわすことができる。

$$平均コスト = 2.38 - 0.615A + 0.54A^2$$

この場合、Aはある貯蓄貸付組合の総資産である。この数式を使って、貯蓄貸付組合の最適な事業規模がいくらかを計算せよ。(ヒント：Aにさまざまな値を代入し、平均コストを算出してみればよい。最も平均コストが低くなる水準が貯蓄貸付組合の最適な事業規模である)

4.9　規模の経済という概念については、一般に「生産規模を大きくすればするほど単位当たりコストが低下する」というかたちで議論される場合が多い。しかし、図4.1で示したように、これは必ずしも正しくない。
ある小規模な産業用モーターのメーカーが以下のような費用関数を持っているとする。

$$TC = 300 + 8Q^2 \qquad (1)$$
$$AC = 300/Q + 8Q \qquad (2)$$

ここではTCは生産にかかる総コストのドル額であり、Qは生産量、ACは単位当たりの平均コストのドル額である。
(a) この企業が4単位生産した場合の総コストは何ドルか。(ヒント：数式(1)のQに4を代入)
(b) この企業が4単位生産した場合の単位当たりの平均コストは何か。(ヒント：数

式(2)のQに4を代入)

(c) 生産量が1単位と2単位の場合について、それぞれTCとACを計算せよ。どのようなパターンが見られるか。

(d) $Q = 55$など、Qに大きな値を代入せよ。TCとACの値はそれぞれ何ドルか。ACの値について分析せよ。

(e) ACが上昇した理由について述べよ。(ヒント：このメーカーが事業展開している外部環境を考慮せよ)

(f) このメーカーが、平均コストが最も低くなる水準で生産したいと考えているとする。この場合、何単位生産すればよいか。(ヒント：$Q = 1$からスタートし、各水準でのACの値を算出すればよい。$Q = 10$は超えないはずである)

4.10 コスト・リーダーシップ型の事業レベル戦略を小規模な企業が実行する場合、どのようなことが生じ得るか。また、小規模な企業がこの際に考慮すべきことは何か。

4.11 コスト・リーダーシップ戦略が外部環境の脅威に与える影響について述べよ。

1　Brathwaite.com. *Our Story.* https://www.brathwait.com/inspiration (accessed October 10, 2017); Deloitte (2017). *The Deloitte Swiss Watch Industry Study 2017.* https://www2.deloitte.com/ch/swisswatchstudy (accessed October 10, 2017); Sellita (2017). *SELLITA SW260-1.* http://www.sellita.ch/images/stories/documents/SW260_1_23_20150203.pdf (accessed October 10, 2017); Singleton, M. (2017). "Despite the Smartwatch, the Clock Hasn't Stopped for Mechanical Watches." *The Verge.* https://www.theverge.com/circuitbreaker/2017/5/9/15584234/smartwatch-mechanical-marten-eroomega-frederique-constant (accessed October 10, 2017); Statisticbrain.com (2017). *Wrist Watch Industry Statistics.* http://www.statisticbrain.com/wrist-watch-industry-statistics/ (accessed October 10, 2017).

2　Kiley, D. (2011). "Fiat headed back to U.S. after 27 years." http://autos.aol.com/article/fiat-500-coming-to-america/ Accessed Aug 21, 2013.

3　Christensen, C. R., N. A. Berg, and M. S. Salter (1980). *Policy formulation and administration: A casebook of senior management problems in business,* 8th ed. Homewood, IL: Irwin, p. 163.

4　Scherer, F. M. (1980). *Industrial market structure and economic performance.* Boston: Houghton Mifflin; Moore, F. T. (1959). "Economies of scale: Some statistical evidence." *Quarterly Journal of Economics,* 73, pp. 232–245; およびLau, L. J., and S. Tamura (1972). "Economies of scale, technical progress, and the nonhomothetic leontief production function." *Journal of Political Economy,* 80, pp. 1167–1187.

5　Scherer, F. M. (1980). *Industrial market structure and economic performance.* Boston: Houghton Mifflin; and Perrow, C. (1984). *Normal accidents: Living with high-risk technologies.* New York: Basic Books.

6　Besanko, D., and Braeutigam, R. (2014). Microeconomics. 5th edition. NY: Wiley, pg. 320–321; Barney, Jay (2011). Gaining and Sustaining Competitive Advantage. 4th edition. NY: Person, pg. 154–155を参照。

7　Hamermesh, R. G., and R. S. Rosenbloom (1989). "Crown Cork and Seal Co., Inc." Harvard Business School Case No. 9-388-096.

8　Hackman, J. R., and G. R. Oldham (1980). *Work redesign.* Reading, MA: Addison-Wesleyを参照。

9　1925年、オハイオ州デイトンにあるライト・パターソン空軍基地の司令官によって初めてこの関係が確認された。

10　学習曲線の推定はさまざまな業界を対象に行われている。Boston Consulting Group (1970). "Perspectives on experience." Boston: BCGは、20の業界における学習曲線を紹介しており、Lieberman, M. (1984). "The learning curve and pricing in the chemical processing industries." *Rand Journal of Economics,* 15, pp. 213–228では、37の化学製品について学習曲線を推定している。

11　Henderson, B. (1974). *The experience curve reviewed III—How does it work?* Boston: Boston Consulting Group; and Boston Consulting Group (1970). "Perspectives on experience." Boston: BCG を参照。

12　Hall, G., and S. Howell (1985). "The experience curve from the economist's perspective." *Strategic Management Journal*, 6, pp. 197–212.

13　Hill, C. W. L. (1988). "Differentiation versus low-cost or differentiation and low-cost: A contingency framework." *Academy of Management Review*, 13(3), pp. 401–412.

14　Buzzell, R. D., B. T. Gale, and R. M. Sultan (1975). "Market share—the key to profitability." *Harvard Business Review*, 53, pp. 97–106 (邦訳「マーケットシェアの拡大は収益向上のキメ手か」 『DIAMONDハーバード・ビジネス・レビュー』ダイヤモンド社、1976年12月); Rumelt, R., and R. Wensley (1981). "In search of the market share effect." *Proceedings of the Academy of Management Meetings*, 1981, pp. 2–6; Montgomery, C., and B. Wernerfelt (1991). "Sources of superior performance: Market share versus industry effects in the U.S. brewing industry." *Management Science*, 37, pp. 954–959.

15　製鉄において技術の進歩がもたらすコスト優位については、Ghemawat, P., and H. J. Stander III. (1992). "Nucor at a crossroads." Harvard Business School Case No. 9-793-039 を、半導体の製造において技術の進歩がもたらすコスト優位については、Shaffer, R. A. (1995). "Intel as conquistador." *Forbes*, February 27, p. 130 を、消費者向け電子製品の製造において技術の進歩がもたらすコスト優位については、Monteverde, K., and D. Teece (1982). "Supplier switching costs and vertical integration in the automobile industry." *Rand Journal of Economics*, 13(1), pp. 206–213; および McCormick, J., and N. Stone (1990). "From national champion to global competitor: An interview with Thomson's Alain Gomez." *Harvard Business Review*, May/June, pp. 126–135 (邦訳「フランストムソン社のトップが語る世界制覇のための経営戦略」『DIAMONDハーバード・ビジネス・レビュー』 1990年9月、ダイヤモンド社)を参照。

16　Schultz, E. (1989). "Climbing high with discount brokers." *Fortune*, Fall (special issue), pp. 219–223.

17　Schonfeld, E. (1998). "Can computers cure health care?" *Fortune*, March 30, pp. 111+.

18　前掲書。

19　DeGeorge, R. (2000). "Ethics in international business—A contradiction in terms?" *Business Credit*, 102, pp. 50+; Edmondson, G., K. Carlisle, I. Resch, K. Nickel Anhalt, and H. Dawley (2000). "Workers in bondage." *BusinessWeek*, November 27, pp. 146+; Winter, D. (2000). "Facing globalization." *Ward's Auto World*, 36, pp. 7+.

20　Meyer, M. W., and L. B. Zucker (1989). *Permanently failing organizations*. Newbury Park, CA: Sage を参照。

21　Staw, B. M. (1981). "The escalation of commitment to a course of action." *Academy of Management Review*, 6, pp. 577–587.

22　Hesterly, W. S. (1989). *Top management succession as a determinant of firm performance and de-escalation: An agency problem.* Unpublished doctoral dissertation, University of California, Los Angeles.

23　Barney, J. B. (1986). "Organizational culture: Can it be a source of sustained competitive advantage?" *Academy of Management Review*, 11, pp. 656–665.

24　学習が固有性を持たなければならない理由については、Spence, A. M. (1981). "The learning curve and competition." *Bell Journal of Economics*, 12, pp. 49–70 を、学習が通常は固有性を持たない理由については、Mansfield, E. (1985). "How rapidly does new industrial technology leak out?" *Journal of Industrial Economics*, 34(2), pp. 217–223; Lieberman, M. B. (1982). *The learning-curve, pricing and market structure in the chemical processing industries.* Unpublished doctoral dissertation, Harvard University; Lieberman, M. B. (1987). "The learning curve, diffusion, and competitive strategy." *Strategic Management Journal*, 8, pp. 441–452 を参照。

25　Williamson, O. (1975). *Markets and hierarchies.* New York: Free Press.（邦訳『市場と企業組織』浅沼萬里、岩崎晃訳、日本評論社、1980年）。

26　Davis, S. M., and P. R. Lawrence (1977). *Matrix.* Reading, MA: Addison-Wesley.

27　Ghemawat, P., and H. J. Stander III. (1992). "Nucor at a crossroads." Harvard Business School Case No. 9-793-039 を参照。

28　Floyd, S. W., and B. Woldridge (1992). "Middle management involvement in strategy and its association with strategic type: A research note." *Strategic Management Journal*, 13, pp. 153–167 を参照。

29　前掲書。

30　Walton, S. (1992). *Sam Walton, Made in America: My story.* New York: Doubleday.（邦訳『私のウォルマート商法 すべて小さく考えよ』渥美俊一ほか訳、講談社、2002年）

第**5**章

製品差別化戦略

Product Differentiation

本章では、以下を習得する。

5.1 製品差別化を定義し、その源泉を12個挙げ、
それらを3つのカテゴリーに分類する方法を説明できるようになる。

5.2 製品差別化がいかにして経済的価値を生むかを
説明できるようになる。

5.3 次を説明できるようになる。

a. 差別化の源泉のうち、模倣困難性を持つ可能性が低いもの、
可能性がある程度あるもの、可能性が高いものは何か。

b. 製品差別化戦略の代替となる戦略にはどのようなものがあるか。

5.4 製品差別化戦略の実行において組織構造、経営管理システム、報酬政策を
活用する方法を説明できるようになる。

5.5 コスト・リーダーシップ戦略と製品差別化戦略を同時に実行することが
可能かどうかを議論できるようになる。

◉ヴィクトリアとは誰か、そして彼女の秘密とは

　セクシーで、グラマラスで、ミステリアスなブランド、ヴィクトリアズ・シークレット（Victoria's Secret、エル・ブランズ（L Brands）傘下）は、ランジェリーや美容製品の分野で世界をリードする専門小売業者である。2015年には、76.7億ドルの売上高と14億ドルの営業利益を記録した。

　セクシーなランジェリー、高級な香水、最新のトレンドを取り入れたファッションアイテムなどを、米国とカナダを拠点とする1100の店舗を通じて販売している。その他にも、ライセンス契約の下で営業する390店舗を世界中の国々で展開している。

　そんな華やかさと優れた業績を誇るヴィクトリアズ・シークレットだが、依然として2つの大きな疑問が残る。「ヴィクトリアという女性はいったい誰なのか」「彼女のシークレット（秘密）とは何なのか」である。

　探ってみると、ヴィクトリアという女性はどうやら、元ファッションモデルのようだ。最近人気が出始めているロンドン市内のおしゃれなエリアに住んでいる。真剣な交際相手がいて、そろそろ結婚して子どもをつくろうかと考えている。こうした家庭的な一面もあるが、何よりも冒険的で魅力的な女性だ。好きなことは、おいしいレストランで食事をしたり、クラシック音楽を聴いたり、ワインを飲んだりすること。旅行には頻繁に行き、ニューヨークでもパリでもロサンゼルスでも、ロンドンと同じように居心地良く過ごせる。ファッションには程よく流行を取り入れており、けっしてつまらない服は着ないが、地に足がついており、奇抜な印象は与えない。

　ランジェリーも欠かせないファッションアイテムの1つだ。セクシーで魅力的ながら、安っぽさや、けばけばしさ、下品さはまったくない。その意味で、彼女のランジェリーはライフスタイルそのものを映している。そして一番重要なことに、自分が美しくセクシーな女性であることは自覚しているが、自分の人生において成功を導いてきたのは、そうしたルックスではなく、自らの頭脳であるという自信を持っている。

　これがヴィクトリアという女性だ。まさにこのような女性のために、ヴィクトリアズ・シークレットのデザイナーは商品をデザインし、マーケティングチームは広告をつくり、販売スタッフは接客のトレーニングを受けている。

　では、彼女の秘密は何か。

それは、「本当は実在する人物ではない」という点だ。より正確に言えば、ヴィクトリアのような女性は、世界中にほんの一握りしか存在しない。では、ヴィクトリアズ・シークレットが、この実質的に幻の女性のニーズを満たそうと、デザイン、マーケティング、販売など、全社を挙げて取り組んでいるのはなぜなのだろうか。

　ヴィクトリアズ・シークレットも、けっして自社の顧客が全員ヴィクトリアのような女性ではないということを理解している。だが同社は、店を訪れる多くの顧客が、少なくとも店にいる間はヴィクトリアのような扱いを受けたいと思っていると確信している。その意味で、ヴィクトリアズ・シークレットが売っているのはランジェリーだけではない。

　活気あるおしゃれな街に住み、世界中を旅し、エッジーながらも洗練されたセンスを持った女性になる「機会」、いわば1つの夢物語を売っているのだ。ヴィクトリアズ・シークレットのランジェリーを買ってきて身にまとい、香水をつけることは、ほんの一時だけでもヴィクトリアのような生活を体験するチャンスなのである。

　経営の観点から見ると、会社の軸として架空の女性のニーズを満たそうとすることは、いくつかの興味深い問題を生む。

　たとえばヴィクトリアに電話をかけ、「最近の自分のなかでの流行は何か」と聞くこともできないし、ヴィクトリアのような女性を集めてきて、ランジェリーの新シリーズを評価してもらうためのフォーカスグループを実施することもできない。

　ヴィクトリアズ・シークレットはある意味、ヴィクトリアという架空の女性だけでなく、彼女が着るランジェリー、身につける香水、アクセサリーなど、彼女のライフスタイルそのものを創造したのである。

　そのライフスタイルが、顧客にとって魅力的ながらもわずかに手が届かないものであり続ける限り、ヴィクトリアズ・シークレットのロマンチックな夢物語は人々を魅了し続け、同社の商品は売れ続けるだろう。[注1]

　ヴィクトリアズ・シークレットは、架空の女性「ヴィクトリア」を利用した製品差別化戦略を追求している。非常に高い効果を発揮してきたアプローチだが、無論製品を差別化する手段は他にもたくさんある。

◉──製品差別化とは何か

到達目標 5.1

製品差別化を定義し、その源泉を12個挙げ、
それらを3つのカテゴリーに分類する方法を説明できるようになる。

　ワービー・パーカーがコスト・リーダーシップ戦略を追求する企業を象徴するように、ヴィクトリアズ・シークレットは製品差別化戦略を追求する企業を象徴する存在だ。

　製品差別化（product differentiation）とは、顧客が自社の製品やサービスに対して認知する価値が、他社の製品やサービスに対して認知する価値を上回るようにすることで競争優位を目指す事業戦略である。この場合の「他社」には、ライバル企業も、代替的製品やサービスを提供する企業も含まれる。企業は自社の製品やサービスの認知価値を高めることにより、本来よりも高い価格を設定できるようになる。それによって売上げが増大し、競争優位につながる。

　製品やサービスの相対的な認知価値を高めるためにしばしば用いられる方法は、自社の製品やサービスに他社とは異なる客観的属性を持たせることである。

　たとえばロレックス（Rolex）は、金時計の製造に純金のみを使うことによって、タイメックスやカシオと差別化している。メルセデス・ベンツ（Mercedes-Benz）は、高度な技術力と性能によってフィアットと差別化している。ヴィクトリアズ・シークレットは、商品ラインナップや接客などによって、ウォルマートなどの小売業者とは差別化された店舗体験を提供している。

　しかし、企業が製品差別化戦略を追求し、製品やサービスの客観的属性を改変したとしても、その製品が差別化されているかどうかを最終的に決めるのは常に顧客の認識である。したがって、仮に2社がまったく同じ製品を販売していたとしても、顧客が一方の製品に対してより高い価値を認知していれば、その製品が差別上の優位を持つことになる。

　たとえば、クラフトビール（マイクロブルワリーで醸造されたビール）業界では、かつて実際にビールが醸造されている方法と、顧客が想像している醸造

方法に大きな違いがあった。たとえば、ボストン・ビアー・カンパニー（Boston Beer Company）が販売しているビールにサミュエル・アダムズ・ビール（Samuel Adams Beer）がある。同社が実施する社内見学ツアーで人々が目にしたのは、発酵タンクの小さな列や、ゴム長靴を履いたビール職人が10バレル規模の2つの醸造ケトルを見守る姿である。しかし、この小さな工場が実際にサミュエル・アダムズ・ビールの醸造を担っていたのは、ほんの一時期のみである。実際には、オハイオ州シンシナティを拠点とする委託醸造業者で、ハディ・ボールド・ビール（Hudy Bold Beer）やリトル・キングズ・クリームエール（Little Kings Cream Ale）などの醸造も手がけるヒューデポール・シェーンリング・ブルーイング・カンパニー（Hudepohl-Schoenling Brewing Company）が、200バレル規模のスチールタンクで醸造していたのだ。

　他にも、マウイ・ビアー・カンパニー（Maui Beer Company）のアロハ・ラガー（Aloha Lager）はハワイ州ではなくオレゴン州ポートランドで醸造されており、ピーツ・ウィキッド・エール（「1バッチずつ、丁寧に醸造しています」とうたっていたクラフトビールブランド）は、オールド・ミルウォーキー・ビール（Old Milwaukee Beer）も手がけるストロー・ブルワリー・カンパニー（Stroh Brewery Company）が400バレル単位のバッチで醸造していた。

　このように、クラフトビールの醸造方法は、確立されたビールブランドとあまり変わらなかった。しかし、何らかの大きな違いがあると消費者が信じている限り、クラフトビールのほうが高く売れたのである。したがってクラフトビールには、顧客の認知に基づく何らかの重要な差別化要因が存在すると考えられる。要するに、ある製品やサービスが、他の製品やサービスとは異なる、価値ある性質を持つと顧客が認知している限り、製品差別化は成立する。

　すなわち顧客の認知は、時として実質的に均質な製品の間でも差別化を生じさせる。その反面、実際には大きく異なる製品同士であっても、その差を顧客が認識しなければ製品差別化は成立しない。

　たとえば、2種類のワインの味の違いは、ソムリエにとっては明らかかもしれないが、ワインを飲み慣れていない人にはわからないかもしれない。実際には大きな違いがあったとしても、2つのワインに違いがあると認識していない人は、どちらか一方のワインに対して高い値段を支払うのを嫌がるだろう。したがって、少なくともこのような消費者にとって、2つのワインは

異質ではあるものの、差別化されているとは言えない。

　製品が差別化されているかどうかを決めるのは常に顧客の認知だが、企業はさまざまな手段を用いてそうした認知に影響を与えることができる。これらの手段が、製品差別化の源泉となる。

◉製品差別化の源泉

　企業が製品やサービスを差別化するための手段については、数多くの研究者が理論、実証研究の双方を参考に独自のリストを作成している。^(注3)**表5.1**には、これらの手段をいくつかリストアップした。ここに挙げた製品差別化の源泉は、ある製品やサービスに、他にはない価値があるという認知を生み出すことが目的である。

　しかし、そうした認知を生み出すアプローチについてはそれぞれ異なる。たとえば、表5.1で挙げた最初の4つ（1〜4）の源泉は、製品やサービスそのものの属性に注目したものである。次の3つ（5〜7）は、企業と顧客の関係に焦点を合わせている。最後の5つ（8〜12）は、企業内外の連携に重点を置く。もちろん、どの源泉も相互排他的なものではない。実際、企業が複数の次元

表5.1　企業が製品を差別化するために取り得る手段

製品を差別化する手段としては、以下のように製品やサービスそのものの属性に着目するアプローチがある。
　1. 製品の特徴
　2. 製品の複雑性
　3. 市場導入のタイミング
　4. 立地
または、以下のように自社と顧客の関係に着目するアプローチがある。
　5. 製品カスタマイゼーション
　6. 消費者マーケティング
　7. 評判
あるいは、以下のように企業内外の連携に重点を置くアプローチがある。
　8. 機能部門間の連携
　9. 他企業との連携
　10. プロダクトミックス
　11. 物流チャネル
　12. 顧客サービス・サポート

出典：Porter, M. E. (1980). *Competitive strategy*. New York: Free Press（邦訳『競争の戦略（新訂）』土岐坤ほか訳、ダイヤモンド社、1995年）; Caves, R. E., and P. Williamson (1985). "What is product differentiation, really?" *Journal of Industrial Economics*, 34, pp. 113-132.

において同時に製品やサービスの差別化を追求することは頻繁に起こり得る。なお、業界内で実際にどのような差別化の源泉が用いられているかを帰納的に導く方法については、コラム「関連する学術研究」で解説している。

関連する学術研究

製品差別化の源泉を見出す方法

　ある市場に存在するさまざまな製品差別化の源泉のうち、実際に企業が利用しているのがどれかを知るにはどうすればよいか。企業戦略やマーケティング分野の研究によれば、重回帰分析を用い、**快楽価格**(hedonic price)と呼ばれるものを推定すれば、製品差別化の源泉を特定できる。快楽価格とは、製品やサービスの価格のうち、その製品やサービスならではの特徴に由来する部分である。

　快楽価格の背景にあるロジックはいたってシンプルである。顧客がある属性を持った製品に対して支払ってもよいと思う価格が、その属性を持たない製品に対して支払ってもよいと思う価格を上回る場合、その属性は後者の製品に対する差別化の要因である。つまり、その製品属性は、市場において企業が利用している製品差別化の源泉である。

　例として中古車の価格を考えてみよう。中古車の相場は、さまざまな中古車購入ガイドを参考に割り出せる。こうしたガイドは一般に、中古車の基本価格を設定する。基本価格には、ラジオ、標準的なエンジン、ヒーターやデフロスターなど、ほとんどの車に搭載されている標準的な製品属性の価値が含まれる。これらはどの車も持っている属性なので、製品差別化の源泉とはならない。

　しかし、中古車価格を定めるにあたっては、この他にも高級なサウンドシステム、大きなエンジン、エアコンなど、相対的に希少な属性によって基本価格が調整される。その際、基本価格に上乗せされる価格(たとえば、高級ステレオの搭載でプラス300ドル、大きなエンジンの搭載でプラス500ドル、エアコンの搭載でプラス200ドルなど)が、その属性に由来する製品の快楽価格である。ある自動車が充実した機能を持つ車種であるかどうかは、こうした相対的に希少な属性によって決まる。消費者は、機能が充実した車に対

してはより高い価格を支払ってもよいと考えるので、この種の製品属性は中古車市場における製品差別化の源泉である。

　ある製品の快楽価格の合計は、重回帰分析を用いて次のように推定できる。中古車に関する上記のシンプルな例の場合、推定の対象となるのは次の回帰関数である。

$$Price = a_1 + b_1(Stereo) + b_2(Engine) + b_3(AC)$$

　この場合、Priceはその自動車の小売価格、Stereoは高級ステレオの搭載を示す変数、Engineは搭載されているエンジンが大きいかを示す変数、ACはエアコンの搭載を示す変数である。それぞれの快楽価格が先に挙げたとおりだとすると、回帰分析の結果は次のようになる。

$$Price = \$7800 + \$300(Stereo) + \$500(Engine) + \$200(AC)$$

　なお、7800ドルはこの車種の基本価格である。[注4]

[製品やサービスの属性に着目した差別化]

　表5.1で挙げた製品差別化の源泉のうち、1つ目のカテゴリーは製品やサービスの属性に着目した差別化のアプローチである。

製品の特徴

　企業が製品差別化を図る手段として最もわかりやすいのは、製品の特徴自体を改変することである。製品の特徴を改変することによる差別化が頻繁に行われる業界としては、自動車業界がある。

　たとえば、2017年のデトロイト・オートショーでは、ゼネラルモーターズ（General Motors、GM）がキャデラックCTSの一部車種に搭載した「V2V」という新機能を披露した。それは渋滞や道路状況に関するデータを他の車から取得する、車両間通信システムである。ベントレー（Bentley）は、自社の高級SUV車に搭載した新型の48V電装システムを披露した。従来の12Vシステムを上回るパワーを提供しながら、電気自動車に搭載されている300Vシステ

ムのリスクを回避した電装システムだ。

さらに、ボルボ(Volvo)、BMW、トヨタ自動車はいずれもeアクスルを搭載した新型車種を発表した。一方の車軸(通常は後方)を電動モーターで動かすことにより、ガソリンエンジンを動力源とするもう一方の車軸の働きを補うか、それにまるごと取って代わる仕組みである。この方式によって、1つの車軸をガソリンと電力の両方で動かす従来のハイブリッド車に対し、簡素な設計が可能になる。

各メーカーが自動車の性能を変更するべく行った以上のような取り組み(ならびにメーカーによる他の多くの取り組み)は、いずれも製品の特徴を改変することによって差別化を図った事例と言える。[注5]

製品の複雑性

製品の複雑性は、製品特性の改変による差別化の特殊な例と考えられる。同じ業界でも、製品の複雑性は企業によって大きく異なる。たとえば、クロス(Cross)やモンブラン(Montblanc)のボールペンは、BICの「クリスタルボールペン」に比べ、はるかに多くの部品からできている。こうした製品間の複雑性の違いから、顧客が認知する価値の差が生まれる場合、製品の複雑性は差別化の源泉となり得る。

市場導入のタイミング

製品を適切なタイミングで市場に導入することも、差別化を生む要因である。第2章(上巻)で述べたとおり、なかには先行者であること、言い換えれば、「他社に先駆けて製品を導入すること」が、何よりも重要な業界(例:新興業界)も存在する。新興業界において他社に先駆けて製品を導入した企業は、重要な技術規格の策定、戦略的に価値ある経営資源の先制確保、顧客スイッチング・コストの創出などが可能になる。これらのメリットの副次的効果として、先行者の製品やサービスが、他社の製品やサービスに対して高い認知価値を持つようになる可能性がある。[注6]

しかし、市場導入のタイミングによる差別化を目指す際には、先行者になることが唯一の手段ではない。場合によっては、他社に遅れて製品を導入したものの、導入したその時に理想的な条件が存在することによって競争優位を獲得する企業もある。このようなことが起きるのは、製品やサービスの最

終的成功が、補完的製品や技術に依存するような場合である。

　たとえば、マイクロソフト（Microsoft）が開発したMS-DOSが支配的なOS
となり得たのは（したがって、その後ウィンドウズが支配的な地位を確立できたの
も）、IBMが同じ時期にパーソナルコンピュータを発売しようとしたためであ
る。IBMのパーソナルコンピュータなくしては、MS-DOSを含め、特定のOS
が市場で支配的な地位を確立することはなかっただろう。^(注7)

立地

　企業の立地も、製品差別化の源泉となり得る。^(注8)ウォルト・ディズニー・カ
ンパニー（Walt Disney Company、以下ディズニー）がフロリダ州オーランドで展
開している事業を考えればそれがわかる。ディズニーは当初、オーランドに
マジック・キングダムとエプコット・センターを建設し、世界有数のリゾー
ト地を確立した。その後、さまざまなアトラクションを中核のレジャー事業
に追加していった。ディズニー・スタジオ、合計1万1000室以上の規模を持
つ数々のホテル、1億ドル規模のスポーツ施設、自動車レース用のサーキッ
ト、夜間エンターテインメント街、そして最近では「アニマル・キングダム」
という新たな10億ドル規模のテーマパークを、いずれもオーランド市内やオ
ーランド周辺に設けている。今日オーランドは、1カ所であらゆるディズニ
ー関連施設を楽しめる旅行先として、世界中の家族が訪れる場所となってい
る。^(注9)

［ 企業と顧客の関係に着目した差別化 ］

　表5.1で挙げた製品差別化の源泉のうちの2つ目のカテゴリーは、企業と顧
客の関係に焦点を合わせた差別化のアプローチである。

製品カスタマイゼーション

　製品は、特定の顧客用途に合わせてカスタマイズすることによっても差別
化が可能である。カスタマイゼーションは、企業向けソフトウエアから自転
車まで、幅広い業界において重要な差別化要因である。

　企業向けソフトウエアとは、人的資源管理、給与計算、顧客サービス、営
業、品質管理など、企業のあらゆる中核的機能を支えるソフトウエアである。

企業向けソフトウエアの大手には、オラクル（Oracle）やSAPなどがある。多くの企業は、これらのプロバイダーが販売する基本的なソフトウエアパッケージを、自社のビジネスニーズに合わせてカスタマイズする必要がある。したがってこの市場では、複雑なソフトウエアパッケージを開発する際に、特定の顧客ニーズへのカスタマイズ可能性を組み込む能力が、重要な差別化要因となる。

　自転車業界では、自転車購入に50ドル程度しか使わない消費者もいるが、上は実質的に青天井であり、優に1万5000ドルを超える自転車もある。高級自転車は、当然ながらブレーキやギアなどの部品も最高級のものが使用されている。しかし、一般の自転車と最も大きく異なる点は乗り心地である。高級自転車のフレームには、特殊な鉄、炭素繊維、そして場合によってはチタニウムが使用されている。またフレームの形状は、乗る人の身長、体重、胴丈、股下丈などに合わせてカスタマイズできる。したがってたいていの自転車マニアは一度ある自転車に乗り慣れると、なかなか他のメーカーに乗り換えない。

消費者マーケティング

　消費者マーケティングに特に大きな重点を置くことは、多くの業界で差別化の要因となってきた。広告をはじめとする消費者マーケティング施策の目的は、実際に製品やサービスの属性が変更されたか否かを問わず、その製品やサービスに対する既存顧客や潜在顧客の認知に影響を与えることである。

　たとえば清涼飲料水業界では、ペプシコ（PepsiCo）が販売するマウンテンデューの例がある。マウンテンデューはもともと、フルーティーさと控えめな炭酸をアピールした、「野山（マウンテン）の朝露（デュー）のようなさっぱりとした味わい」の飲み物だった。しかしマウンテンデューは、1990年代後半を境として、マーケティング戦略を大きく転換させた。スローガンは「野山の朝露のようなさっぱりとした味わい」から"Do the Dew"に変更され、マーケティングキャンペーンでは、主に男子を中心としたエクストリームスポーツ好きの若者をターゲットとするようになった。テレビCMでは、スノーボード、ローラーブレード、マウンテンバイク、スケートボードなどに乗った（そして多くの場合、宙返りしている）若い男性が主役となった。さらに、ESPNのエックスゲームズ（X Games）など、さまざまなエクストリームスポ

ーツ競技大会のスポンサーとなった。

　このように大きく方向性を変えたマウンテンデューだが、注目すべきは商品自体の属性自体は変更されておらず、全面的に消費者マーケティングの方向転換だった点である。

評判

　企業と顧客の関係における最も重要な側面は、おそらくその企業の市場での評判だろう。評判(reputation)は、言うなれば企業と顧客の間に存在する社会的複雑性を有する関係だ。評判はいったん形成されると、評判の原因となった要素がすでに存在しなくなっても持続する可能性がある。^(注10)

　自らの評判を積極的に活用した企業としては、先鋭的なエンターテインメントの提供者として知られるバイアコム(Viacom)傘下のテレビ局「MTV」がある。マドンナをはじめ何人かの有名アーティストは、MTVによるミュージックビデオの放映を禁じている。しかしその反面、MTVはややリスキーな番組を放送するテレビ局として確固たる評判を築いている。「視聴者はMTVに対して、斜め上を行く番組の放映を期待している」と同社は信じている。

　リスクテイカーとしての評判を生かし、それをさらに強固なものにしようとMTVが行った初期の取り組みは、社会的・情緒的発達に問題を抱えた2人のティーンエイジャーを描いた「ビーバス・アンド・バットヘッド(*Beavis and Butthead*)」というアニメシリーズの放映である。より最近の例としては、「リアル・ワールド(*Real World*)」や「ロード・ルールズ(*Road Rules*)」など、リアリティ番組というまったく新しいジャンルのテレビ番組を生み出した。リアリティ番組の制作は、制作費がかなり少額ですむだけでなく、ややリスキーで際どく、物議を醸すエンターテインメントの提供者としてのMTVの評判を後押しした。実際MTVは、この種の番組があまりにも大きな成功を収めたため、本来の目的であったミュージックビデオの放映をMTV2という別のケーブルテレビ局を通じて行うようになっている。^(注11)

［ 企業内部および企業間の連携に着目した差別化 ］

　表5.1で挙げた製品差別化の源泉の3つ目のカテゴリーは、企業内外の連携

に着目した差別化のアプローチである。

機能部門間の連携

　各機能部門の連携が製品差別化をもたらす理由は一見して明らかではないが、依然として重要な差別化の手法である。たとえば製薬業界に関する研究によれば、遺伝学、生物学、化学、薬学など、さまざまな科学分野を統合して創薬に生かす能力は、個々の製薬会社によって大きく異なるという。分野横断の効果的チームを組成して創薬に取り組む製薬会社の能力は、一部の研究者によって**アーキテクチャ能力**（architectural competence）と呼ばれている。つまり、自らの組織構造をうまく活用し、複数の科学分野の間で協調して研究を進める能力である。

　このような能力を備えた企業は、たとえば製薬業界なら、効能の優れた医薬品を次々と開発・発売できるため、アーキテクチャ能力を備えていない企業に比べ、より効果的に差別化戦略を遂行できる。そしてこうした新薬の発売は、製薬会社にとって非常に大きなリターンを生む。したがって、機能部門間で協調する能力は、製薬業界においてとりわけ重要な競争優位の源泉である。[注12]

他企業との連携

　企業は、他の企業との連携によっても製品を差別化できる。この場合、製品差別化を生むのは、社内における機能部門間の連携や異なる製品同士の結びつきではなく、自社製品と他社の製品やサービスとの明示的な結びつきである。

　このパターンで製品差別化を追求する企業は、ここ数年で増えてきている。たとえば米国では、ストックカー・レースの人気が高まったことにより、自社の製品やサービスをNASCARのドライバーや競争車と結びつけようとする企業が増えている。バーガーキング（Burger King）、マクドナルド（McDonald's）、ターゲット（Target）、タコベル（Taco Bell）、ガイコ（GEICO）、ファーマーズ・インシュランス（Farmers Insurance）、ロウズ（Lowe's）、フェデックス（FedEx）、ファイブ・アワー・エナジー（5-Hour Energy）、ミラーなどの企業は、いずれもNASCARチームの大口スポンサーを務めた経験がある。

　また、コカ・コーラ（Coca-Cola）はある年、NASCARをテーマとした自動

販売機の注文を20万件以上受けた。ビザ(Visa)のNASCAR特典付きのカードには処理しきれないほどの需要が集まり、マテル(Mattel)はNASCARをテーマとしたバービー人形を100万体以上販売し、5000万ドル以上の売上げを生んだ。こうした協調的な戦略的連携が価値を生み、持続的競争優位の源泉となる条件については、第11章(下巻)で詳しく検討する。

プロダクトミックス

　企業は、機能部門間の連携や他社との連携を行った結果として、販売する製品ラインの組み合わせ(プロダクトミックス)が変わる可能性がある。製品やサービスの組み合わせ方が差別化の源泉になるのは、特に(1)製品やサービスに技術的つながりがある場合、(2)ある共通の顧客集団が自社の複数種類の製品やサービスを購入している場合である。

　たとえばIT業界では、他のデバイスやシステムとの接続性が非常に重要なセールスポイントであり、結果として重要な差別化要因である。しかし、たとえばA社とB社のコンピュータがC社のデータラインによって相互通信し、D社製ソフトに基づくデータベースとE社製ソフトによるデータベースを結合させたうえで、C社のデータラインをF社の技術が導入されたコールセンターで使用する、などといった場合が考えられる。このような状況において、シームレスな接続性を確保することは非常に困難である。

　こうした背景から、IT企業はプロダクトミックスの調整によって接続性を確保しようとすることがある。つまり、製品間の接続性を保証するために、互換性をコントロールできる複数の製品を抱き合わせて販売するのである。こうした製品の組み合わせ販売を意図する場合、それは企業の研究開発活動、戦略的提携、合併・買収戦略に影響を与える可能性がある。これらの活動は、いずれも市場に出す製品の組み合わせを左右するからである。

　異なる製品同士の組み合わせを示すもう1つの例は、ショッピングモールのように同一顧客集団が複数種類の製品を購入しようとする場合である。多くの顧客は、離れた店から次の店へいちいち移動しながら買い物するよりも、1カ所でさまざまな店舗をめぐることを好む。ワンストップでの買い物は買い物客の移動時間を短縮し、社交の場を提供するというメリットがある。つまり複数の店舗を1カ所に集めることは、別個に出店した場合よりも高い価値を生み出す。モール開発業者は上記のような考えに基づき、この種の小売

店舗ミックスの形成に投資したのである。^{（注13）}

物流チャネル

　企業内および企業間での連携は、どのように製品を流通させるかという判断にも影響を与え、物流チャネルは製品差別化の源泉となり得る。

　たとえば清涼飲料水業界では、コカ・コーラ、ペプシコ、セブンアップ(7-Up、訳注：現在はドクターペッパー・スナップル・グループがブランドを所有)などの企業が、独立型と自社所有型が混在しているボトラー会社のネットワークを使って製品を流通させている。これらの飲料メーカーは、ソフトドリンクの原液は自社で製造し、それを各地域のボトラーへ輸送する。そこにボトラーが炭酸水を加え、びんや缶に詰め、最終製品を担当地域内の販売拠点へ届ける。こうしたボトラーは、ある飲料ブランドの流通を担う業者として、それぞれの地域内で独占権を有する。

　一方、カナダドライ(Canada Dry、訳注：現在はドクターペッパー・スナップル・グループがブランドを所有)は、これとはまったく異なる物流ネットワークを採用している。地域のボトラーを利用するのではなく、いくつかの拠点で自らびん詰めを行い、それを食品卸売業者に直接輸送している。そしてこれらの食品卸売企業から各地のスーパーやコンビニなどの小売店舗へ製品が流通する。

　上記2種類の流通戦略の違いがもたらす1つの帰結として、カナダドライはスーパーの市場では存在感があるが、自動販売機市場では存在感が比較的小さい。自動販売機市場は、コカ・コーラとペプシコによって支配されている。この2社は、自販機を保有して維持管理するディストリビューターを地域ごとに持っている。

　それに対して、カナダドライは自らディストリビューターを持たないため、各地域におけるコカ・コーラやペプシコのディストリビューターが自社の製品を購入してくれない限り、自販機を通じて製品を販売できない。こうしたディストリビューターは、カナダドライのジンジャーエール商品などを購入し販売することはよくあるが、同社のコーラ商品を購入することは契約上禁じられている。^{（注14）}

顧客サービス・サポート

　最後に、製品の販売に伴って提供される顧客サービスや顧客サポートによっても差別化は可能である。

　たとえばパソコン・メーカーのなかには、外部の独立系サービス会社を使って非常に低レベルの顧客サービスしかしない会社がある。また、顧客サービス・サポート機能を、インドをはじめとする海外の事業者にまるごとアウトソースするパソコン・メーカーもある。その一方で、知識豊富なスタッフを備えたサポートセンターを自ら運営し、高度な顧客サポートを続けているパソコン・メーカーも存在する。^(注15)

◉創造性と製品差別化

　表5.1には、企業が製品やサービスを差別化する際にとり得る幅広い手段を挙げた。しかし結局のところ、このような手段をすべてリストアップすることは不可能である。

　製品差別化を最終的に左右するのは、企業内の個人や集団の創造力だ。差別化する機会が存在するか、または差別化の機会を生み出すことが可能であり、企業がそうした機会をうまく利用する意欲や能力を持つ限り、差別化の可能性は無限に広がる。仮にある学者が、網羅的な差別化要因リストなるものを作成したとしても、きっとその日のうちに、どこかの創造力ある技術者、マーケティング部員、マネジャーなどが、まったく新しい差別化手法を編み出してしまうだろう。

◉──製品差別化の経済価的値

到達目標 5.2
製品差別化がいかにして経済的価値を生むかを
説明できるようになる。

　ある企業が追求している差別化の源泉が、競争優位をもたらすポテンシャルを持つためには、その差別化の源泉が経済的価値を持つ必要がある。製品

差別化が価値を有する戦略となる市場条件については、コラム「より詳細な検討」で解説している。一般に差別化の源泉が経済的価値を持つのは、それによって外部環境における脅威が無力化されるか、機会を活用できる場合である。

◉製品差別化と外部環境における脅威

　製品差別化を実現した企業は、外部環境に存在するあらゆる種類の脅威に対処できるようになる。製品が差別化されている企業は、まず新規参入の脅威を減らすことができる。

　なぜならこの場合の新規参入者は、事業の立ち上げに必要な通常のコストだけでなく、その企業の差別化優位を克服するコストも負担しなければならないからである。製品差別化と新規参入の間に存在するこのような関係については、第2章（上巻）ですでに述べた。

　また製品差別化が存在する業界では、それぞれの企業が独自のニッチを確立しようとするため、競合の脅威が減少する。とはいえこの場合も、各企業は依然として同じ大きな顧客集団をめぐって競争するので、競合度がゼロになるわけではない。だが企業によってターゲット顧客が異なるため、幾分か競合度は緩和される。たとえばロールス・ロイス（Rolls-Royce）とフィアットは、「交通手段」という同じ顧客ニーズを満たしているが、一方のメーカーの潜在顧客がもう一方のメーカーの自動車にも興味を持つことはあまりないだろう。

　製品差別化は、代替品に対して自社の製品の魅力を高める効果を持つため、代替品の脅威も減少させる。たとえば生鮮食品は、冷凍加工食品にとって代替品の脅威をもたらす。そのため、ストウファー（Stouffer's）やスワンソン（Swanson）などの冷凍食品メーカーは自社製品の魅力を高めるため、テレビCM、新聞広告、店頭表示、クーポンなどを活用し、積極的なマーケティング活動を行っている。

　製品差別化は、影響力のあるサプライヤーの脅威も減少させる。影響力のあるサプライヤーは、供給する製品やサービスを値上げすることができる。調達コストが増大した買い手としての企業は、利益マージンの消滅を回避するために自社も値上げをし、コスト増を顧客に転嫁する必要が出てくるかもしれない。しかし製品が差別化されていないと、この価格転嫁は難しくなる。

顧客が同じような製品やサービスを、競合から元の価格水準で簡単に入手できるからである。

　一方、製品が差別化されていれば、その顧客は同じような製品やサービスを手に入れる手段が他にないことから、顧客ロイヤルティが高い可能性がある。そして、ロイヤルティの高い顧客は値上げを受け入れる可能性が高い。したがって製品が差別化できている企業は、影響力のあるサプライヤーによる値上げ攻勢の下でも、一定の水準までは収益性を維持できる。

　最後に製品差別化は、影響力のある買い手の脅威も減少させる。企業はきわめて差別化された製品を販売する場合、特定の市場セグメントにおいて「半独占的」な状態を確保できる。この場合、その製品を求める買い手は1社からしか購入できない。したがって、仮に買い手が高い交渉力を持っていたとしても、企業は価値ある製品やサービスを与えないという「脅し」を効かせることで、相手の交渉力を減殺することができる。

より詳細な検討

製品差別化の経済学

　製品差別化と経済的価値の関係を検証した古典的研究としては、エドワード・チェンバレン（Edward Chamberlin）とジョーン・ロビンソン（Joan Robinson）がほぼ同時期に発表した2つの論文がある。

　チェンバレンとロビンソンが検証したのは、製品が差別化されている状況と完全競争の状況における、企業パフォーマンスの違いである。第2章（上巻）で解説したとおり、完全競争の下では業界内に数多くの企業が存在し、それぞれの市場シェアは低く、販売している製品やサービスは同一であると想定されている。このような状況では、企業が直面する需要曲線は水平であり（販売する製品の価格に対して企業が影響力をまったく持たないため）、最大の経済的パフォーマンスを得られる生産量は、限界収益と限界費用が等しくなる水準である。したがって、各企業の生産コストが同一だと仮定すると、完全競争下で企業が達成し得る最大のパフォーマンスは、標準レベルの経済的パフォーマンスである。

　一方企業が差別化された製品を販売する場合、企業は一定の価格調整力を

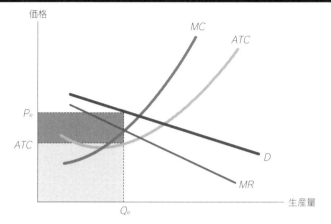

図5.1｜製品差別化と企業パフォーマンス：独占的競争市場の分析

手に入れる。つまり、高価格を設定して少ない生産量にするか、低価格で大量の製品を販売するかを選べるようになる。このような価格と生産量のトレードオフ関係は、完全競争下の企業が持つ水平の需要曲線とは異なり、製品差別化に成功した企業が右肩下がりの需要曲線を持つことを意味する。差別化された製品を販売し、右肩下がりの需要曲線を持つ企業は、チェンバレンが呼ぶところの「独占的競争」状態にある。つまり、差別化された製品によって確立されたニッチの範囲内では、あたかも独占状態かのようにふるまえるのだ。

　独占的競争の状態にある企業においても、利益を最大化させるのは、依然として限界収益が限界費用と等しくなる水準の生産量である。しかし、この最適な生産水準で設定できる価格は、自社の差別化された製品に対してどれだけ需要があるかによって決まる。需要が大きければ高い価格を設定でき、需要が小さければ相対的に低い価格しか設定できない。しかしいずれの場合であっても、平均総費用が設定可能な最大価格を下回っていれば（つまり需要量によって定まる価格水準を下回れば）、差別化された製品を販売する企業は標準を上回る経済的利益を獲得できる。

　図5.1に提示した例を考えてみよう。この例ではいくつかの曲線が関わってくる。まず、需要曲線（D）が右肩下がりである点に注目してほしい。つまり、この業界は完全競争の状態にはなく、企業は製品の価格に対して一定の調整力を持つ。

　また、限界収益曲線（MR）も右肩下がりであり、全体として需要曲線の下

方に位置する。限界収益曲線が右肩下がりなのは、生産量を増やそうとした場合、その企業は価格を下げるしかないためである。また、需要曲線と比較して全体的に下方に位置するのは、価格を下げなければならないのが増えた分の製品だけでなく、販売するすべての製品についてだからである。

　限界費用曲線（*MC*）は右肩上がりである。つまり企業は生産量を増やした場合、より多くのコストを負担することになる。平均総費用曲線（*ATC*）は、規模の経済や生産要素のコストなど、第4章で紹介した一連のコスト作用によって、さまざまな形状を持ち得る。

　この4つの曲線（需要、限界収益、限界費用、平均総費用）を用いれば、独占的競争の下にある企業が、どのような利益水準を期待できるかを割り出せる。

　まず、利益最大化を目指す場合、生産量は限界費用と限界収益がイコールになる水準（Q_e）である。この生産水準で設定できる最大価格を知るためには、限界費用曲線と限界収益曲線の交差点を通る垂直線を引けばよい。この垂直線は需要曲線と交わる。需要曲線との交差点から縦軸（価格）に向かって水平に引いた線が、設定可能な最大価格をあらわす。図ではこの価格水準をP_eと表記した。この場合、P_eでは平均総費用が価格を下回る。

　したがって、企業は、図中で網かけの部分（濃い網かけと薄い網かけ）の面積に相当する売上げ（価格×生産量）を獲得する。このうち経済的利益となるのは、上の濃い網かけになっている部分である。この場合は、網かけ部分が平均総費用曲線よりも上に位置するので競争優位を意味する。逆に網かけ部分が平均総費用曲線の下に位置している場合は、競争劣位を意味する。

　続いてチェンバレンとロビンソンは、差別化された製品が確立したニッチ市場へ、他社が参入した場合の影響を検証した。第2章で述べたとおり、SCPモデルの基本的前提として、ある企業が標準を上回る経済的パフォーマンスを獲得している事実は、その企業が属する業界またはニッチ市場への新規参入を促す。そして、独占的競争下にある業界へ新規参入があった場合、既存企業の需要曲線は左下へシフトする。つまり、既存企業は現状の価格を維持すれば需要が減少し、現状の生産量を維持したいのであれば価格を下げなければならない。

　ニッチ市場への参入が長期にわたって続けば、限界費用と限界収益が等しくなる水準で生産した際に設定できる最大価格は、平均総費用と同じ水準まで低下する。そうなれば、差別化された製品を販売しているにもかかわらず、経済的利益はゼロになる。[注16]

◉製品差別化と外部環境における機会

製品を差別化することは、外部環境の機会を活用することにも役立つ。た
とえば、市場分散型業界に属する企業は、製品差別化戦略によって事業統合
を促すことができる。

オフィス用紙業界では、ゼロックス(Xerox)がブランドネームを生かし、オ
フィスのコピー機やプリンターで使われる用紙で第一人者となった。ゼロッ
クスは、特別な製造工程によって自社のコピー機ととりわけ相性のよい用紙
を実現したと訴え、以前はコモディティ商品であったオフィス用紙のブラン
ド化に成功した。そのことが、きわめて分散していたこの業界で事業統合を
促進するきっかけとなった。^(注17)

新興業界における製品差別化の役割については第2章(上巻)で述べた。企
業は新興業界に先行者として参入することにより、技術的リーダーであると
いう顧客の認識、戦略的に価値ある経営資源の先制確保、高いスイッチング・
コストによる高度な顧客ロイヤルティの獲得など、差別化に基づく優位を獲
得できる。

成熟業界では、革新的新技術を開発するよりも、既存製品を改良するとい
うかたちで差別化が行われることが一般的である。

たとえば、成熟化が進んだガソリン小売業界では、従来と若干性質の異な
るガソリンの販売(有害物質の排出が少ないガソリン、燃料噴射装置の洗浄効果が
あるガソリンなど)やプロダクトミックスの変更(給油とコンビニを併設したガ
ソリンスタンド)などによって差別化が行われている。

とはいえ成熟業界では、実際には製品やサービスをいま以上に改良するこ
とが困難な場合もある。このような状況では、企業は製品やサービスの改良
度を誇張する誘惑にかられる。こうした誇張がもたらす影響については、コ
ラム「企業倫理と戦略」で検討している。

製品差別化は、衰退業界においても重要な戦略オプションとなり得る。製
品が差別化されている企業は、このような業界においてリーダーの地位を確
保できる可能性がある(評判、ユニークな製品特徴などの差別化要因により)。あ
るいは、業界全体としては衰退に向かうなかで、自社の生き残りにつながる
ニッチ市場を発見できる可能性がある。

また、製品差別化戦略を追求するという判断は、企業がグローバル市場に

おいてとる行動を大きく左右する。

　たとえば、ファッション小売業界では、母国市場において大きな差別化上の優位を獲得した企業が米国市場に進出し始めている。「チープシック」(経済的なおしゃれ)をコンセプトとしたスウェーデンのエイチ・アンド・エム・ヘネス・アンド・マウリッツ(H & M Hennes & Mauritz AB)、オランダのメックス(Mexx)、スペインのザラ(Zara)、フランスのスポーツウエア会社のラコステ(Lacoste)などである。[注18]

企業倫理と戦略

不当表示とヘルスケア業界における倫理的ジレンマ

　製品を差別化する最も一般的な手段の1つとして、製品品質に関してさまざまに主張するという行為がある。一般に品質の高い製品は、品質の低い製品に対する価格プレミアムを要求できる。しかし品質の高い製品が持つ潜在的な価格優位が誘因となり、企業が自社製品の効果について信ぴょう性に欠ける主張をすることや、最悪の場合、まったく虚偽の主張をすることすらある。

　なかには、実害のない誇張として簡単に片づけられるものもある。たとえば、「このホワイトニング歯磨き粉を使えば、義理の親戚に好かれる」と本気で信じる人や、「このデオドラント剤を使わなければ、テーブルサッカーで勝ち誇って両腕を挙げた時に、バーにいる他の客を失神させてしまう」と信じる人はまずいない。こうした誇張に実害はなく、倫理上の問題は生まれない。

　しかしヘルスケア業界では、製品の効果を誇張することが深刻な影響をもたらし得る。たとえば患者が、控えめながら正確に効果を主張する医薬品ではなく、効果が誇張された医薬品を服用するような場合である。米国ではかつて、医学的効果に関する虚偽表示がまん延していた。

　それに対処すべく、上市前に医薬品の有効性を評価する連邦機関として、米国食品医薬品局(FDA)が設立された。FDAは、医薬品の承認において、長らく「ゴールドスタンダード」と呼ばれる基準を採用してきた。つまり、特定の医薬品がFDAの承認を受けるためには、主張されたとおりの効果を持つだけでなく、患者に悪影響を及ぼさないことが証明される必要がある。これ

によって、FDAの承認プロセスを経た医薬品であれば、患者は世界最高水準の基準が満たされている安心感を持って服用できる。

しかし、こうした「ゴールドスタンダード」に基づく承認は、ある重要な倫理上のジレンマを生む。それは主に、FDAの承認プロセスにかかる時間に起因する。FDAの承認プロセスには5年から7年ほどかかる。FDAが審査を行っている間は、その医薬品によってベネフィットを受け得る患者がいても未承認のため服用できない。したがって、FDAの承認プロセスにおける厳格性は、将来その医薬品が必要になるかもしれない人にとっては有益かもしれないが、まさに、いまそれを必要とする人にとっては不都合なのである。

FDAの承認プロセスによって効果的な医薬品の上市が阻まれているのではないかという疑念を抱く消費者が増えるなか、近年においてはハーブ療法など、天然成分を取り入れた治療法をはじめとする代替療法が盛んになってきている。無論こうした代替療法を提供する企業は、主張する効果（育毛、減量、運動パフォーマンスの向上、禁煙等々）がFDAの審査を受けていない点を注意深く明記している。しかし、依然としてこうした効果が主張されることに変わりはない。

代替療法のなかには、ある程度信ぴょう性を持つものもある。たとえば、エフェドラの服用に覚醒作用があり、強壮効果や運動パフォーマンスの向上を期待できるということは広く受け入れられている。

一方、「特殊なハーブの配合によって男性器の増大が可能」などと、とうてい信ぴょう性があるとは言えない主張をする企業もある。実際このような効果を主張したハーブ療法を検証した最近の調査では、主張された効果をもたらす成分はまったく含まれていないことが確認された。また、動物のふん尿に由来するバクテリアが許容範囲を超えており、重大な胃腸障害を引き起こし得ることも確認された。

このように、実証的裏づけのない誇大な主張に基づいて製品を販売する企業にも、FDAと同じく倫理的な課題があるだろう。また、この種の製品に安全性や有効性を審査するFDAのような当局が存在しないことを考えると、消費者としては、「買い主をして注意せしめよ（自分の身は自分で守れ）」という古い格言に従うことが得策だろう。^(注19)

⦿──製品差別化と持続的競争優位

到達目標 5.3

次を説明できるようになる。

a. 差別化の源泉のうち、模倣困難性を持つ可能性が低いもの、可能性がある程度あるもの、可能性が高いものは何か。

b. 製品差別化戦略の代替となる戦略にはどのようなものがあるか。

　製品差別化戦略は、平均総費用を上回る価格設定を可能にすることで経済的価値をもたらす。製品差別化戦略をうまく実行した企業は、外部環境における脅威を無力化したり、機会を活用できる。

　しかし、第3章(上巻)で述べたとおり、経済的価値のある戦略であっても、希少かつ模倣コストの高い企業の強みと結びついていなければ持続的な競争優位をもたらさない。また、本章冒頭で挙げた製品差別化の源泉は、希少性や模倣困難性を持つ可能性がそれぞれ異なる。

⦿製品差別化の希少性

　製品差別化という概念は、「ある時点において、何らかの方法で製品を差別化した企業の数は、完全競争の力学を生み出すのに必要な企業数よりも少ない」という一般的前提に基づいている。製品が差別化された企業は、ごく一部の競合しか利用していない差別化の源泉を用いているからこそ、平均総費用を上回る価格設定が可能になる。

　とはいえ、差別化戦略が希少性を持つか否を最終的に左右するのは、その企業がどれほどの創造性を発揮して差別化を追求しているかである。先ほど述べたとおり、創造力の豊かな企業であれば、新たな差別化の手法を発見したり編み出したりできるはずだ。そしてライバル企業がその手法を模倣し始めたころには、すでに次の手法を編み出しているだろう。創造力ある企業は、常に競合の一歩先を行くことができる。

◉製品差別化の模倣困難性

　価値を有し、希少な製品差別化の源泉であっても、模倣コストが高くなくては持続的競争優位をもたらさない。また、ある差別化戦略が競争優位をもたらすかどうかを判断する際には、直接的複製による模倣、代替による模倣の双方を考慮する必要がある。

[製品差別化と直接的複製による模倣]

　第4章で述べたとおり、コスト・リーダーシップ戦略の実行に成功した企業は、製品を値下げするかしないかによって、自社の戦略を競合に明かすかどうかを選ぶことができる。企業がコスト優位を有しながらも価格を高く保った場合、競合はそのコスト優位の存在に気づかない可能性がある。もちろんウォルマートのように、自らのコスト優位が少なくとも低コストでは複製されないという自信を持ち、製品やサービスを臆せず低価格で販売する企業もある。

　一方、製品差別化戦略を追求している企業は、一般にこのような選択を行う余地がない。ほとんどの場合、差別化された製品やサービスを販売し始めた時点で、どのような差別化の源泉を追求しているのかが明白となる。それどころか多くの企業は、差別化に向けた取り組みを積極的に顧客へ発信する。そして、こうした発信を行う過程で、必然的に競合もその取り組みについて知ることとなる。ある企業がどのような差別化を行っているか定かでない場合は、競合としてはその製品を自ら購入するまでのことである。その競合は、品質をはじめとする製品属性を自ら体験することで、相手の差別化戦略について十分に理解できるだろう。

　しかし、競合がどのように製品を差別化しているかを理解できたとしても、その戦略を低コストで複製できるとは限らない。価値を有し、希少な差別化戦略を模倣できる可能性の高さは、その企業が利用している差別化の源泉に依存する。**表5.2**で示したとおり、製品の特徴など一部の差別化要因は、ほとんどの場合容易に複製可能である。一方、プロダクトミックス、他企業との連携、製品カスタマイゼーション、製品の複雑性、消費者マーケティングなどの源泉は、模倣コストが高い場合がある。さらに機能部門間の連携、市

	歴史	不確実性	社会的複雑性
低コストの複製が可能			
1. 製品の特徴	—	—	—
複製コストが高い場合がある			
2. プロダクトミックス	＊	＊	＊
3. 他企業との連携	＊	—	＊＊
4. 製品カスタマイゼーション	＊	—	＊＊
5. 製品の複雑性	＊	—	＊
6. 消費者マーケティング	—	＊＊	—
通常は複製コストが高い			
7. 機能部門間の連携	＊	＊	＊＊
8. 市場導入のタイミング	＊＊＊	＊	—
9. 立地	＊＊＊	—	—
10. 評判	＊＊＊	＊＊	＊＊＊
11. 物流チャネル	＊＊	＊	＊＊
12. 顧客サービス・サポート	＊	＊	＊＊

－：複製コストが高まる要因とはならない、＊：複製コストが高まる要因となる可能性がやや高い、＊＊：複製コストが高まる要因となる可能性が高い、＊＊＊：複製コストが高まる要因となる可能性がかなり高い

場導入のタイミング、立地、評判、物流チャネル、顧客サービス・サポートは、ほとんどの状況において模倣コストが高くなる。

　ある差別化要因がどれほど模倣困難かは、どのような経営資源やケイパビリティを活用したものかによって決まる。経営資源やケイパビリティが、特殊な歴史的条件を通して獲得された場合、それを築き上げる方法について不確実性が存在する場合、またはそれが社会的複雑性を持つ場合、その経営資源やケイパビリティを活用した差別化戦略は模倣コストが高くなる。このような戦略を追求した企業は、持続的競争優位を獲得できる可能性がある。一方、以上のような属性を持たない経営資源やケイパビリティを活用した差別化戦略は、たとえ経済的価値があり、希少であったとしても、一時的競争優位の源泉にしかならない。

複製することが容易な差別化の源泉

　表5.2において、ほとんどの場面で複製が容易な差別化の源泉として唯一挙げたのは、製品の特徴である。皮肉なことに、製品の特徴による差別化は、他のどの手段よりもはるかに頻繁に選択される。しかし、ほとんどの場合、製品の特徴だけに基づいて差別化戦略を追求したとしても、持続的競争優位

は獲得できない。

　たとえば、自動車業界では各メーカーが差別化を追求して取り入れてきた製品の特徴は、事実上すべて複製されている。クライスラー(Chrysler)が開発したキャブ・フォワード設計は、いまでは多くのメーカーが設計に取り入れている。アウディ(Audi)の特徴であったスポーティーで流線形の車体は、レクサス(Lexus)やGMの自動車でも見られるようになった。GMの「On Starシステム」はメルセデス・ベンツが複製した。メルセデス・ベンツのクランプル・ゾーン技術(訳注:衝突の際に衝撃を吸収する技術)やGMのユニボディ構造(訳注:1つのパーツで製造することで継ぎ目をなくす車体構造)は、いまや業界標準である。実際、いまだに複製されていない車種と言えば、マツダのロードスター、日産のフェアレディZ、ポルシェ(Porsche)911ぐらいだ。しかし、これらの車種が複製されていないのは、製品の特徴そのものよりも、これらの車種が持つ評判によるところが大きい。

　製品の特徴自体が持続的競争優位の源泉となり得る唯一の状況は、企業がその特徴について特許を取得している場合である。しかし、第2章(上巻)や第3章(上巻)で述べたとおり、特許を取得していたとしても、特殊な条件が存在しない限り、それが直接的複製を抑制する効果は限定的である。

　製品の特徴が単体として持続的競争優位をもたらす可能性は低いとしても、一時的競争優位をもたらす可能性は十分にある。企業がある製品の特徴に基づいて差別化戦略を実行して一時的競争優位を獲得した場合、それが持続する間は新たな顧客を獲得できる可能性がある。

　こうした新たな顧客は、製品を使用するなかで、その特徴以外にも自分にとって魅力的な特徴を発見するかもしれない。この場合、もともとその顧客を引きつけた特徴が競合によって素早く複製されても、この別の特徴の複製コストが高ければ、それが持続的競争優位の源泉になる可能性はある。

複製コストが高い場合がある差別化要因

　製品差別化の源泉のなかには、少なくとも特定の条件下では複製コストが高くなるものがある。これらのうち、表5.2で示した1つ目の源泉はプロダクトミックスである。

　他社が販売する、ある1つの製品の特徴を複製することは、一般にそれほど難しいことではない。しかし、他社が複数の製品を同時に市場へ導入し、こ

れらの製品が1つひとつユニークな特徴を持ち、そして最も重要なことに、これらの製品が相互に連関している度合いが高ければ、そうした一群の製品ラインを複製するコストは高くなる。IBMなどの企業はまさに技術的に統合された幅広いIT製品を販売している。同じような幅広い製品ラインナップを持たない企業にとって、そうしたプロダクトミックスを複製することは困難である。

しかし、こうしたプロダクトミックスによる優位の源泉が、同じ顧客集団の共有にある場合、複製は相対的に容易である。たとえば、複数店舗を1カ所のショッピングモールに集めることは、独立型の店舗に対する競争優位にはなり得るが、同じようなサービスを提供する他のショッピングモールに対しては競争優位とはならない。したがって、モールという形態が一定の顧客集団にとって買い物をしやすくする効果を持つとしても、ショッピングモールを新たに建設する機会が依然として存在する限り、特定のモールが持続的競争優位を獲得することはない。

他企業との連携も、複製コストが高い場合がある。企業間連携が社会的複雑性を有する関係に基づく場合は、特に複製困難である。企業間連携が競争優位をもたらす可能性については、第11章(下巻)でより詳しく述べる。

製品カスタマイゼーションや製品の複雑性は、一般に複製が容易な差別化の源泉である。しかしこの場合も、顧客に合わせた製品のカスタマイズが、顧客との密接な関係に起因している場合がある。この種のカスタマイゼーションを行う場合、企業は自社の事業運営、製品、研究開発などに関して、機密性のある情報をサプライヤーと共有しなければならない。企業がそのような情報をサプライヤーと共有してもよいと思うためには、双方向に厚い信頼が築かれている必要がある。つまり、サプライヤーに対して自社の事業運営をオープンにする企業は、サプライヤーがその情報を競合に対して拡散しないと信ずる必要があるし、カスタマイズされた製品を供給する企業は、供給先の顧客が自社を不当に利用しようとはしないと信ずる必要がある。企業2社の間にこうした社会的複雑性を有する関係が築かれており、そのような関係を持つ企業がごく少数しか存在しない場合、こうした他社との関係は希少かつ複製困難であると言え、持続的競争優位の源泉となり得る。

企業向けソフトウエアや高級自転車におけるカスタマイゼーションには、いずれもこうした社会的複雑性を有する関係が作用している。カスタマイズ

された部品を購入した企業は、その製品を購入した時点でサプライヤーとの関係が築かれる。こうした関係は長く続く傾向にある。一度このような関係が築かれれば、供給先とサプライヤーのどちらもその関係を手放したくないと思うからだ。しかしもちろん、一方が他方を不当に利用しようとした場合は別である。こうした現象がどのような状況で起きやすいかについては、第11章で詳しく述べる。

また、消費者マーケティングも企業が頻繁に行使する差別化の手段だが、基本的には複製が容易である。たとえば、マウンテンデューは「エクストリームスポーツ好きのための飲み物」としてのイメージを確立したが、ゲータレードをはじめとする他のブランドも同じ市場セグメントを取り込みつつある。

もちろん、あまり頻繁に起きることではないが、広告キャンペーン、スローガン、店頭表示など、消費者マーケティング・キャンペーンが予想外の反響を生み、想定以上の認知度を生む場合もある。ビール業界では、"Tastes great, less filling"(ミラー・ライト)、"Why ask why?"(バドドライ(Bud Dry))、バドワイザー(Budweiser)の蛙、"What's Up?"(バドワイザー)などの広告キャンペーンがこうした特異な効果を発揮してきた。企業は広告代理店などと連携し、効果的な広告キャンペーンを継続的に展開できれば、持続的競争優位を獲得できる可能性がある。

しかし、広告キャンペーンによって当たり外れがあり、当たるかどうかはその時の運にかかっているような場合、こうしたキャンペーンが持続的競争優位の源泉になる可能性は低い。

複製コストが高い差別化の源泉

表5.2で挙げた残りの差別化の源泉は、一般に複製コストが高い。これらの源泉に基づいて製品を差別化した企業は、持続的競争優位を獲得できる可能性がある。

一企業内での機能部門間の連携は、一般に複製コストの高い差別化の源泉である。別々の企業間での連携は、相手企業との関係の性質によって複製が容易な場合と困難な場合がある。一方、単一企業内での機能部門間の連携には、社会的複雑性を有する信頼関係が求められる。なぜならば、企業の機能部門や事業部門の間には、もともとさまざまな利害対立が存在するからである。対立する部門間の協調を支える歴史や組織文化を持つ企業は、機能部門

や事業部門間の対立を脇に置き、協力して差別化された製品を市場に出せる。しかし、機能分野や事業分野間の対立が絶えず起きるような企業では、そうした社会的複雑性のある慣習を変革していくために、困難かつ高コストな壁を乗り越える必要がある。

　製薬会社のアーキテクチャ能力（薬品の研究開発で多様な学術領域を統合して活用する能力）に関する研究では、この能力を持つ企業もあれば持たない企業もあることが示された。そして、アーキテクチャ能力を身につけることは企業にとって大きなメリットをもたらすものの、ほとんどの企業はそれを築き上げようとしても築き上げられないことも示された。したがって、アーキテクチャ能力は模倣コストが高いと考えられ、さらに希少性も伴えば、持続的競争優位の源泉になると考えられる。

　市場導入のタイミングも、複製困難な差別化の源泉である。第3章（上巻）で示したとおり、ある企業のユニークな歴史を再現することは困難である（それどころかほぼ不可能である）。企業が自社独自の歴史を通じて特別な経営資源やケイパビリティを身につけ、それを製品差別化に活用すれば持続的競争優位を確保できる。このように差別化上の優位を獲得した企業のライバルは、自社製品を差別化するにあたって代替的手段を模索するしかない。したがって当然ながら、たとえば国内で最も歴史の古い大学と競争する他の大学は、自分たちの大学がどれだけ歴史があるかではなく、その他の要素（学生数、体育会の強さ、多様性など）に基づいて差別化を図る。

　立地も多くの場合、複製困難な差別化の源泉である。特に企業が唯一無二の立地を保有している場合は特に模倣が難しい。たとえば、出張者のホテル選びに関するある調査によれば、ホテル選定の大きな決め手は立地であった。つまり、他の条件がすべて同じであれば、顧客は主要な交通機関とオフィス街のいずれにも近いホテルを好む傾向にあった。それどころか、出張者にとっては宿泊料よりも立地のほうが重要であることも示された。ある都市にこうした一等地のホテルが数軒しかなく、新たなホテルを建設する余地がなければ、そのような立地を持つホテルは持続的競争優位を実現する。

　本章で取り上げた差別化の源泉のうち、最も複製が困難なのは、企業の評判だろう。先ほど述べたとおり、企業の評判は自社の長年の歴史や顧客とのコミットメント、そして信頼に基づいて、顧客との間に築かれた社会的複雑性を有する関係である。評判を素早く築き上げることはできず、売買するこ

ともできない。評判は、企業と顧客が関係維持に向けて相互に継続的にコミットし、長年にわたって築かれるものである。プラスの評判を持つ企業は、強い競争優位を維持できる。一方、マイナスの評判を持つ企業、またはまったく評判を持たない企業は、差別化された企業に追いつくために長期にわたって多額の投資を行う必要がある。

　物流チャネルも複製コストの高い差別化の源泉である。これには少なくとも2つの理由がある。第1に、顧客企業とそこに物流チャネルを提供する事業会社との関係は社会的に複雑な場合が多く、複製が困難である。第2に、物流チャネルの供給は限られている場合がある。物流チャネルにアクセスのある企業はそれを利用できるが、アクセスを持たない企業は自らそれを築くか、新たなチャネルを発掘することが求められる。一からチャネルを築き上げることや、まったく新しい流通方法を編み出すことは難しく、多額のコストが伴う[注20]。国際的ジョイント・ベンチャーは多くの場合、こうした多額のコストを回避することが狙いである(第11章参照)。

　最後に、顧客サービス・サポートの水準も、複製コストの高い差別化の源泉である。多くの業界において、最低限のサービスやサポートを提供するだけならそれほど大きなコストはかからない。家電業界では、独立した家電修理店のネットワークを確保することで最低限のサービスを提供できる。自動車業界では、ディーラーと提携する修理業者によって最低限のサービスが提供される。ファストフード業界では、最低限の従業員訓練を行うことで最低限のサービス水準を確保できる。

　しかし、この最低水準を超えるレベルのサービスやサポートを提供しようとすると、それを困難にする要因が2つある。第1に、サービスやサポートの品質を向上するには、多額の資金と多くの時間をかけて従業員を訓練する必要がある。たとえばマクドナルドは、ファストフード業界において突出したサービス水準を維持するために、最先端の研修施設(ハンバーガー大学)を設けている。ゼネラル・エレクトリック(General Electric、GE)は、ここ数年サービスやサポートの品質向上に向け、人材訓練に多額の投資を行ってきた。日本の自動車メーカーの多くは、米国において生産拠点を築くのに先駆け、現地のディーラーを支える人材の育成に何百万ドルもの投資を行った[注21]。

　第2に、高品質なサービスやサポートを提供するうえでは、このように直接コストのかかる訓練以上に、従業員が顧客に対して適切な姿勢や態度を持

つことがさらに重要である。世界中の多くの企業では、「お客様は神様」どころか、顧客が「悪者」になりつつある。これはいろいろな意味で当然とも言える。従業員は顧客よりも他の従業員と頻繁に接する。そして、いざ顧客と接した際には、自分たちの企業に対する苦情を聞かされることが多い。このような状況下では、顧客への敵意が従業員の間で蓄積されていく。こうした敵意は当然ながら、顧客サービス・サポートに基づく差別化戦略とはまったく整合しない。

　要するに、高度な顧客サービスや顧客サポートは、企業と顧客の間に存在する社会的複雑性を有する関係に左右される。顧客との摩擦が存在する企業は、高度なサービスやサポートを提供する競合を模倣することが困難である。

[製品差別化と代替による模倣]

　本章でここまで紹介した製品差別化の源泉は、上記のようにそれぞれ希少性や模倣困難性が異なる。しかし、ある差別化の源泉が持続的競争優位をもたらすかどうかは、その源泉を低コストで代替できるかどうかにも依存する。

　差別化の源泉に対する代替には、2つの形態がある。第1に、表5.1でリストアップした差別化の源泉は多くの場合、互いを部分的に代替する。たとえば、製品の特徴、製品カスタマイゼーション、製品の複雑性は共に似通った差別化の源泉であり、互いに代替し得る。したがって、製品カスタマイゼーションに基づいて差別化を図り競争優位を目指している企業は、他社が製品の特徴を改変することにより、自社のカスタマイゼーション上の優位が減殺される場合がある。同様に、機能部門間の連携、他企業との連携、プロダクトミックスも、差別化の源泉として相互に代替し得る。

　たとえばIBMは、営業、サービス、コンサルティングなどの機能部門を連携させて、コンピュータ関連製品市場における差別化を図っている。しかし、コンピュータ関連製品市場における他の企業も、コンピュータ関連のサービス業者やコンサルティング会社と緊密な関係を築くことにより、IBMとの差別化ギャップを埋めることができる。このように、差別化の源泉が互いを部分的に代替するケースがあることを考慮すれば、企業が複数のアプローチで同時に差別化を追求しようとすることも十分にあり得る。

　第2に、本書で取り上げたその他の戦略の多くも、表5.1で挙げた差別化の

源泉を代替し得る。たとえば、ある企業がプロダクトミックスを改変して競争優位を狙えば、別の企業がそれを戦略的提携で代替し、同じような差別化を生み出すことができる。たとえば、サウスウエスト航空がかねてから重視しているフレンドリーでオンタイムな低コストのサービスと、ユナイテッド航空(United Airlines)がスターアライアンス(Star Alliance)を通じてルフトハンザドイツ航空(Lufthansa)など海外キャリアと連携を強化したことは、いずれも差別化を追求した取り組みであり、少なくとも互いを部分的に代替する。[注22]

　一方、本章で挙げたその他の差別化の源泉には、明らかな代替が存在しないものもある。市場導入のタイミング、立地、物流チャネル、顧客サービス・サポートなどがそうである。したがって、これらの源泉が経済的価値を有し、希少で、複製困難であれば、持続的競争優位の源泉となり得る。

◉──製品差別化戦略の実行に向けた組織体制の構築

到達目標 5.4
製品差別化戦略の実行において組織構造、経営管理システム、報酬政策を
活用する方法を説明できるようになる。

　第3章(上巻)で述べたとおり、戦略の実行を成功させるためには、戦略に沿って組織構造、経営管理システム、報酬政策などを調整する必要がある。コスト・リーダーシップ戦略の場合、戦略を実行する際の要点は、コストの低減と効率性の向上である。それに対して製品差別化戦略の実行においては、革新力、創造力、製品品質が重要となる。コスト・リーダー企業の軸が顧客への純粋な経済的価値の提供であるのに対し、差別化を追求する企業の軸は優れたスタイル(企業やその製品の様式)を提供することである。こうしたスタイルの追求が、どのように組織構造、経営管理システム、報酬政策に反映されるかについては**表5.3**にまとめた。

表5.3 | 製品差別化戦略の実行に向けた組織体制の構築

組織構造
1. 事業・機能横断的な製品開発チーム
2. 複雑なマトリクス型組織
3. 集中的な開発に取り組む隔離された小集団：スカンクワークス

経営管理システム
1. 意思決定に関する大まかなガイドライン
2. ガイドラインの範囲内での広範な裁量権
3. 実験的な取り組みを奨励する経営ポリシー

報酬政策
1. 失敗を処罰せず、リスクテイクを評価する
2. 独創性を評価する
3. 多次元的なパフォーマンス指標

●製品差別化戦略の実行における組織構造

　製品差別化戦略は、コスト・リーダーシップ戦略と同じく、機能別あるいはU型の組織構造を用いて実行される。しかし、コスト・リーダーシップ戦略を実行する際のU型組織は、少ない階層、簡素な報告関係、小規模な本社スタッフ、少ない機能分野への集中という特徴を持つのに対し、製品差別化戦略を実行する際のU型組織はやや複雑である。

　たとえば、差別化を追求する企業は、事業分野と機能分野双方を横断するチームを一時的に結成し、革新的かつ差別化された新製品の開発や導入を管理する。このようなチームでは、異なる事業部門や機能部門のメンバーが集まり、新たな製品やサービスの開発に協力して取り組む。

　こうした事業・機能横断的チームを効果的に活用する企業の例としては、英国の広告会社WPPグループが挙げられる。WPPは、いくつかの大規模な広告会社、PR会社、マーケットリサーチ会社等々が傘下にある。個々の事業は、基本的には独立して運営されている。

　しかしいくつかの市場においては、事業・機能横断的な協力関係が重視されている。その1つがヘルスケア市場である。WPPはヘルスケア市場において機会を発見すると、親会社として自社の傘下にある事業会社から広告、マーケティングリサーチ、PRなどの専門家を招集してチームを結成する。こうした部門横断的なチームが、ヘルスケア業界の顧客のために差別化された斬新なアプローチでマーケティング戦略を策定する。[注23]

企業が事業・機能横断的チームを生成する場合、その企業は実質的に一種のマトリクス型組織を構築したと言える。第4章で述べたように、**マトリクス型組織**(matrix structure)とは、1人の社員が2人以上の上司に報告義務を負うような組織構造である。

　たとえば、WPPの傘下にある広告会社で働く人が、事業横断的なチームへ一時的に配属された場合、事業横断チームの上司と、自分が所属する広告会社の上司という2人の上司が存在することになる。同時に2人の上司の要望に応えるのは大変なことである。上司の利害が対立するような場合はなおさらだ。第8章(下巻)でも見るとおり、複数上司の利害はしばしば対立するものである。

　事業・機能横断的チームが特に重要な価値を持つのは、活動目的以外の任を解かれ、革新的な新製品や新サービスの開発に全力を傾けられるような場合である。

　差別化された製品の開発に対してこのアプローチをとった企業として最も有名なのは、1950年代から1960年代のロッキード(Lockheed Corporation、訳注：現在はロッキード・マーティン(Lockheed Martin))である。当時ロッキードでは少人数の技術者がチームを組み、最先端かつ極秘の軍用機の開発に集中的に取り組んでいた。これらのチームは、ロッキードの施設内で専用の区画を与えられ、ほとんどの従業員はそこに立ち入ることを禁止されていた。

　当時ロッキード社内では、こうしたチームのメンバーは開発活動に熱中するあまり、シャワーを浴びる暇もないのだと冗談めかしに言われていた。そこから転じて、この種のチームのことを「**スカンクワークス**(skunk works)」と呼ぶようになった。以来、数々の企業がスカンクワークス型のチームを採用し、社内の創造力を結集することで差別化された製品の開発・市場導入を行ってきた。[注24]

◉製品差別化戦略の実行における経営管理システム

　製品差別化戦略の実行に役立つ経営管理システムとして表5.3で挙げたもののうち、最初の2つ(意思決定に関する大まかなガイドライン、ガイドラインの範囲内での広範な裁量権)は密接に関係する。一部の企業がこうした経営管理システムを用いることで新たな市場を創出してきた方法については、コラム

「より詳細な検討」で解説する。

　意思決定に関する大まかなガイドラインは、さもなければ混乱をきたしかねない社内の意思決定プロセスに一定の統制をもたらす。マネジャーの意思決定に何も制約が課されなかった場合、それぞれのマネジャーが、会社のミッションや企業目標とかけ離れた意思決定をバラバラに行うかもしれない。このような意思決定に基づいた計画は、実行されないか、実行されたとしても失敗に終わることが多い。

　しかし反対に、意思決定のガイドラインが厳格すぎても、社内の創造力を殺してしまう可能性がある。先ほど述べたように、企業が製品を差別化できる可能性は、創造力を生かしさえすればいくらでも広がる。したがって、意思決定のガイドラインには、ミッションや企業目標との整合性を保証する程度の厳格さは必要だが、マネジャーの創造力を殺すほど厳格なものであってはならない。

　製品差別化戦略の下で優れた経営を行う企業では、大まかなガイドラインに沿っている限り、創造的に意思決定する自由がマネジャーに与えられる。それどころか、そういった意思決定を行うことが期待されているとさえ言える。

より詳細な検討

ブルー・オーシャンを探して

　企業による革新は、その企業規模の大小を問わず、より燃費の良い自動車、より洗浄力の高いシャンプー、より低価格な保険商品など、すでに確立された競争の軸に沿って製品ポジションを向上させることによって行われることが多い。こうした取り組みは、一定期間にわたって製品差別化をもたらす可能性はあるが、第3章で述べた理由により、多くの場合は効果が持続しない。

　こうした背景から、W・チャン・キム（W.Chan Kim）とレネ・モボルニュ（Renee Mauborgne）の2人の研究者は、確立された市場で競争ポジションの向上を目指すのではなく、競合を超越し、まったく新しい市場を開拓する企業の調査に取り組んだ。こうした市場には有利なポジションを狙ってせめぎ合う競合がおらず、企業が急速に成長を実現できることから、ブルー・オ

ーシャン市場と呼ばれる。2人の著者によれば、ブルー・オーシャン市場が生まれるのは、競合に勝つ唯一の手段が競合と張り合わないことだとマネジャーが気づいた時だという。

ブルー・オーシャン市場を生み出した企業の例としては、シルク・ドゥ・ソレイユ（Cirque du Soleil、サーカスの既成概念に変革をもたらし、世界中で大評判の渦を巻き起こしたエンターテインメント企業）やカセラ・ワインズ（Casella Wines、「イエローテイル（yellow tail）」ブランドを通してワインの敷居を下げ、ビールに代わる飲み物として位置づけた）が挙げられる。いずれのケースも、既存企業に競争を挑もうとはせず、そうした企業がそもそも競合とならない新たな競争の土俵を築いた例である。

それでは、企業はどのようにしてブルー・オーシャン市場を生み出すのだろうか。キムとモボルニュによれば、最初のステップは、業界において現状どのような要素を軸として競争が行われているかを把握することである。

たとえばカセラ・ワインズは、米国のワイン業界において、価格、高級感のあるパッケージング、消費者マーケティング、ワインの熟成品質、ワイナリーの評判、複雑な味、幅広い種類のワインという7つの競争上の要素を特定した。差別化の源泉を特定したところで、業界内の競合について次の4つの問いを立てる。

1. 業界内の企業が競争している要素のうち、切り捨てるべきものはどれか。
2. 業界内の企業が競争している要素のうち、業界標準を大きく下回る水準に切り下げるべきものはどれか。
3. 業界内の企業が競争している要素のうち、業界標準を大きく上回る水準に高めるべきものはどれか。
4. これまで業界がまったく提供してきていない、新たに創造すべき要素は何か。

カセラ・ワインズは、自社が特定した7つの競争上の要素に、この4つの問いを適用した。その結果、高級感のあるパッケージング、ワインの熟成品質、ワイナリーの評判、複雑な味の4つの要素は、ワインの消費体験を必要以上に複雑化するため切り捨てるべき、と判断した。

そして、飲みやすさ、選びやすさ、遊び心と冒険心という新たな競争の軸を創造した。そこから生まれたのが、過去10年他のどのワインよりも急速に売上げを伸ばしてきたイエローテイルというブランドだ。

こうした原理を適用してブルー・オーシャン市場を築くことがなかなかできない企業もある。その一方、業界内の競争上の要素にシステマチックに革新をもたらし、競合相手のいないまったく新しい市場を生み出すことに成功した企業も存在する。[注25]

　このように、混沌と統制のバランスを築くことに積極的に取り組んできた企業の1つが3Mである。同社の経営幹部は許容される意思決定の範囲を定義するため、意思決定の指針となる「革新原則」を策定した。3Mにおける革新的カオスの領域を定義するこれらの原則は**表5.4**に挙げた。同社のマネジャーや技術者は、この領域のなかで創造力と革新力を生かし、差別化された製品やサービスを生み出すことを期待されている。[注26]

表5.4 | 3Mにおける意思決定の指針となる革新原則
**　　　　―1996年のコイン氏(元研究開発部門最高責任者)の発言による**

1. ビジョン
革新の重要性を宣言せよ。革新を、自社のアイデンティティの一部とせよ。

　「革新を後押しし、支える当社の取り組みは、自らの将来像(ビジョン)を本気で達成しようという意思のあらわれです。企業として、創造力ある個人として、(中略)ありたい姿に本気でなりたいと思っているのです」

2. 先見性
技術や市場が今後どこへ向かっていくかを見抜け。顧客自身によって明示されている、そして暗黙的に示されている顧客ニーズを把握せよ。

　「もしもあなたが次世代型の医療用画像機器の開発に取り組んでいるのであれば、まず放射線医師の話をお聞きになるでしょう。一方で、惑星間探査機から送信される撮影画質の向上に取り組んでいる研究者にも話を聞くべきではないでしょうか」

3. ストレッチ目標
マネジャー自身としても会社としても自らの能力を超えた力を引き出し、飛躍的改善をもたらすような目標を設定せよ。複数のプロジェクトを同時に進行させる場合も、競争の軸そのものを変え、業界を再定義してしまうようなプロジェクトに最も重点を置け。

　「3Mでは、数多くのストレッチ目標を設定しています。1つ目は、『売上高の30%は、過去4年に発売した商品が占めるようにする』という目標です。(中略)さらに危機感を高めるために、『売上高の10%は過去1年のうちに発売した商品が占めるようにする』という目標を最近追加しました。(中略)革新にはタイムリミットがあるのです(中略)迅速に動かなくてはなりません」

4．エンパワーメント

良い人材を雇い、彼らを信頼し、権限を委譲し、スラック資源（自由に使える資源・時間）を与え、あとは任せて干渉しないこと。イニシアチブをとることや、イニシアチブをとったことによる失敗に対して寛容な姿勢を持て。

「ウィリアム・マックナイト（William McKnight、3Mの元会長）は、制度として個人的努力を許容する方法を編み出しました。開発職の従業員は、就業時間の15％を自ら考え出したプロジェクトに費やしてよいと決めたのです。言い換えれば、就業時間の15％は自分の仕事を自分で管理してもよいのです。（中略）15％という数字自体はそれほど重要ではありません。重要なのは、従業員に向かって発信されるメッセージです。つまり、企業システムのなかには何らかの余剰（slack）がどこかに必ずある。もし良いアイデアがあり、仕事の合間を縫って取り組むだけのやる気があり、技師長の要望に背くだけの図太さがあるのなら、ぜひとも挑戦してみてほしいというメッセージです。

　言い換えれば当社は、少しばかりの反骨精神を制度として研究所に組み込むことを狙っているのです。もちろん、全員が好き勝手やっているようではダメです。（中略）ある程度の規律は必要です。（中略）しかし3Mの幹部は、従業員が自分たちに対して健全な反骨心を持つことを好みます。これは年次報告書などで大々的にアピールできることではありませんが、内輪で思い出話をする時などは必ずと言っていいほど、上司に逆らいながら大きな成功を収めた社員が話題にのぼり、またそのような話が一番盛り上がります。

　また当社は、自分で目的意識を持って仕事に向かう自由を従業員に与えた場合（中略）必ずしも全員が同じ方向を向くとは限らないと認識しています。従業員に独創性を発揮してほしいのであれば、同時に歩調を合わせろと言うのは無理な話です。論理的で几帳面な人もいれば（中略）感覚派で先見性のある人もいます（中略）当社は、それがまさに理想的な状況だと考えています」

5．コミュニケーション

従業員が互いにアイデアを共有し、自発的に他者と交流する場を設け、グランドルールに基づくオープンなコミュニケーションを長時間にわたって行う機会を確保せよ。情報の共有手段は、複数確保しておく必要がある。

「革新力ある個人が互いにコミュニケーションをとると、それぞれの洞察から相乗効果が生まれます。このような相乗効果は、新技術の開発に投じられる多額の資金から最大のリターンを生み出すことができるので、企業にとって大変重要です。また、さらなる革新を刺激する効果もあります。実際当社は、新たな技術をゼロから発見する能力と同程度に、既存技術同士を組み合わせたり、既存技術を転用したりする能力が大切だと信じています」

6．承認

同僚からの評価制度の導入や、キャリア形成にあたって管理職と技術職から選択する自由を与えるなど、金銭的報酬よりも個人への承認を重視せよ。「イノベーションとは高度に人間的な営みである」。

「ここまで私は、3Mの革新の伝統に貢献してきた6つの企業文化の要素を挙げてきました。ビジョン、先見性、ストレッチ目標、エンパワーメント、コミュニケーション、承認です。（中略）しかし、このリストは（中略）整然としすぎています。3Mの革新はまったく整然としたものではありません。たしかに、活動が目的の達成に向かうという意味では理にかなったものです。しかし、組織（中略）プロセス（中略）そして、場合によっては人々も混沌としたものです。当社は、混沌のなかで経営をしています。そして、それこそが革新を導くためのあるべき経営の姿なのです。当社は、『3Mの競合は3Mが次にどのような手を打つのかをまったく予想できずにいる』という評価を受けてきました。しかし実際のとこ

出所：Van de Ven, A., et al. (1999). pp. 198–200にて引用されているCoyne, W. (1996). *Building a tradition of innovation*. The Fifth U.K. Innovation Lecture, Department of Trade and Industry, Londonによる。

　企業は、**実験重視型の経営政策**（policy of experimentation）を採用することによっても、製品差別化戦略の実行を促進できる。実験重視型の経営政策とは、企業が相互に関連する複数の差別化アプローチに同時に取り組む場合に適用される。相互に関連しているということは、このような企業は業界が今後どのように展開するかについて一定の将来イメージは持っている。しかし、複数のアプローチに同時に取り組むということは、「業界は絶対にこう展開していく」という特定の狭いイメージに固執しているわけではない。

　むしろ、複数の「実験」を並行して行うことにより、市場における複数の将来像を同時に模索することになる。まさに実験が成功すれば、そうした実験的取り組み自体が市場の将来の行方を決めることもあり得る。

　革新的なディスカウント・ブローカーであるチャールズ・シュワブの例を考えてみよう。フルサービスとインターネットベースの証券会社からの競争激化に直面し、チャールズ・シュワブは、顧客に提供できる次世代型の商品は何か、その商品を差別化する方法は何かなどを知るべく一連の実験を行った。投資信託の選定、先物取引、企業調査などを、オンラインでより手軽に行えるようにするソフトウエアの可能性を調査したのである。また、ゴールドマン・サックス（Goldman Sachs）と探索的な提携を組み、同社が確保したIPO株をチャールズ・シュワブの顧客が購入する仕組みを検討した。

　チャールズ・シュワブが行った実験のすべてが差別化された商品につながったわけではない。たとえば、試験的な投資の結果に基づき、クレジットカード市場には参入しないことを決めた。しかしながら、可能性のあるさまざまな差別化手段を実験的に施行することにより、チャールズ・シュワブは、激動する金融サービス業界において次々と新しい商品を開発することができたのである。^(注27)

◉製品差別化戦略の実行における報酬政策

　表5.3にリストアップした報酬政策は、同表に挙げた組織構造や経営管理システムと密接な補完関係にある。たとえば、差別化戦略を実行すべく実験重視型の経営政策を採用したとしても、従業員が実験的イノベーションに失敗するたびにそのリスクテイクを処罰していたら、そうした経営政策を採用する効果はほとんどなくなってしまう。反対に、リスクテイクや創造力の発揮を評価する報酬政策は、企業による差別化戦略の実行を後押しする。

　例として、ノードストローム(Nordstrom)を検討してみよう。百貨店である同社は、自社の販売員が顧客ニーズを満たすにあたってリスクをとり、創造力を発揮することを高く評価している。ノードストロームに関連してよく話題にのぼるのは、タイヤに不満を持った顧客の返品をそのまま受け入れたという販売員の逸話である。この逸話の興味深い点として(実話であるかどうかは定かではないが)、ノードストロームは当時、そもそもタイヤを販売していなかったのである。しかしこの販売員は、こうしたリスキーな判断を行う権限が自分には与えられていると感じていた。そして、ノードストローム社内では、この販売員の判断が顧客に提供するべきサービス品質の模範として取り上げられている。

　表5.3に挙げた最後の報酬政策とは、多次元的な業績評価システムである。前章で見たとおり、コスト・リーダーシップ戦略をとる際には、マネジャーや従業員に適切なインセンティブを与え、コスト削減に取り組ませるようにする報酬政策が重要になる。コスト優位につながるインセンティブを与えるためには、さまざまな形態の金銭的報酬、株式の付与、ストック・オプションなどをコスト目標の達成と結びつけることが可能である。これらと同様の手段が、差別化優位につながるインセンティブを生み出す際にも用いることができる。しかし製品差別化の場合、戦略の実行は製品開発チームなど複数の機能分野を統合させて実施することが多い。差別化戦略の実行を支える報酬政策も、そうした機能横断性を考慮したものでなければならない。

　したがって差別化戦略を追求している企業は、1つの基準だけに基づいて業績評価を行うのではなく、複数の基準を同時に考慮する場合が多い。こうした複数の評価基準には、たとえば製品の売上高や利益率だけでなく、顧客満足度、社内の他の機能部門との協調に対する社員の意欲、事業・機能横断

的チームを円滑に運営する社員の能力、創造的な意思決定に貢献する社員の能力などが含まれる。

●——製品差別化戦略とコスト・リーダーシップ戦略を同時に追求することは可能か

到達目標 5.5

コスト・リーダーシップ戦略と製品差別化戦略を同時に実行することが可能かどうかを議論できるようになる。

　第4章や本章で見てきたとおり、コスト・リーダーシップ戦略と製品差別化戦略は、いずれも一定の条件下では持続的競争優位をもたらす。いずれの戦略も企業の競争ポジションに好影響をもたらすとすれば、必然的に次の重要な問いが浮かび上がる。

　つまり、「1つの企業が両方の戦略を同時に実行することは可能か」ということだ。たしかに、それぞれの戦略が単体で企業のパフォーマンスを向上するのであれば、両方追求することでさらに高い効果を期待できそうである。

●NO：両戦略の同時追求は不可能だとする見解

　コスト・リーダーシップ戦略と製品差別化戦略の実行に求められる組織の条件をそれぞれ簡単に比較した**表5.5**には、「2つの戦略を同時に追求することはできるか」という問いに対する1つの答えが示されている。この見解によれば、2つの戦略に求められる組織の条件は事実上矛盾している。

　コスト・リーダーシップ戦略では簡素な報告関係が求められるのに対し、製品差別化戦略では事業・機能横断的な連携が求められる。コスト・リーダーシップ戦略では従業員を厳しく監督することが求められるのに対し、製品差別化戦略ではあまり厳しく監督せず、従業員の創造性に任せることが求められる。コスト・リーダーシップ戦略ではコスト削減に対する報酬が求められるのに対し、製品差別化戦略では創造力の発揮に対する報酬が求められる。はたして、こうした相対立する複数のスキルや能力を組み合わせることは可能

表5.5｜コスト・リーダーシップ戦略と製品差別化戦略、それぞれの実行に要求される組織要件

コスト・リーダーシップ戦略	製品差別化戦略
組織構造 1. 指揮命令系統における階層の少なさ 2. 簡素な報告関係 3. 小規模な本社スタッフ 4. 狭い範囲の機能分野に集中	**組織構造** 1. 事業・機能横断的な製品開発チーム 2. 新たな機会を探索するために新たな構造 　（ある種のマトリクス型組織）を追求する積極性 3. 強力な創造努力のための隔離された小集団
経営管理システム 1. 厳格なコスト管理システム 2. 定量的なコスト目標 3. 労働力、原材料、在庫などの 　コストに対する綿密なモニタリング 4. コスト・リーダーシップの理念	**経営管理システム** 1. 意思決定に関する大まかなガイドライン 2. ガイドラインの範囲内での広範な裁量権 3. 実験的取り組みを推進する経営ポリシー
報酬政策 1. コスト削減を評価する報酬制度 2. コスト削減活動にすべての従業員が 　主体的に貢献することへの 　インセンティブ	**報酬政策** 1. 失敗を処罰せず、リスクテイクを評価する 2. 独創性を評価する 3. 多次元的なパフォーマンス指標

なのか、というのはもっともな疑問である。

　このように両方の戦略を同時に追求した場合、企業は結果的にどちらも効果的に実行できないと考えるのにも一理ある。この論理に従えば、ある業界で優れた経済的パフォーマンスをあげる方法は、たいてい次の2つに限られる。(1)高価格製品の販売によって小さな市場シェアを確保する（製品差別化）か、(2)低価格製品の販売によって大きな市場シェアを確保する（コスト・リーダーシップ）かである。いずれか一方を選択しなかった企業（中程度の価格で中程度の市場シェア）、あるいは両方の戦略を同時に追求しようとした企業は失敗する。このような企業は、「中途半端な状態に陥る（"stuck in the middle"）」と言われる。[注28]

⦿YES: 両戦略の同時追求は可能だとする見解

　近年においては、両戦略を同時追求する企業は「中途半端な状態に陥る」という従来の見解に異議を唱える研究が出てきている。これらの研究によれば、コスト・リーダーシップ戦略と製品差別化戦略を共に成功させた企業は持続的競争優位を期待できる。この両立の背景には、少なくとも2つのプロセス

がある。

［ 差別化、市場シェア、そしてコスト・リーダーシップ ］

　製品やサービスの差別化を成し遂げた企業は、売上げの増加を体験する可能性が高い。特に差別化の源泉が多くの潜在顧客にとって魅力的な場合、その可能性はさらに高まる。つまり、製品差別化戦略の追求は売上げを増加させることにつながる。売上げの増加が規模の経済や学習などに基づくコスト低減につながることは、第4章ですでに指摘した。したがって製品差別化戦略の成功は、それに引き続いてコスト低減やコスト・リーダーとしての地位にもつながり得る。^{（注29）}

　このような状況を示す典型例にマクドナルドがある。マクドナルドは、清潔感、安定した品質、楽しさに重点を置いた店舗体験など、もともと差別化戦略を追求してきた。そして時の経過とともに、同社は差別化を用いてファストフード業界の市場シェア・リーダーになった。さらに市場でこうしたポジションを確保したことでコスト低減が可能になり、いまではファストフード業界におけるコスト・リーダーにもなっている。したがって、マクドナルドが確保している高い収益性は、製品差別化戦略と低コスト戦略の両方によってもたらされている。競合にとっては、いずれか一方の戦略に対抗するだけでも困難である。マクドナルドは、両方を同時に実行することにより、非常に模倣コストの高い競争優位を実現している。^{（注30）}

［ 組織的矛盾の解消 ］

　上記のように、製品差別化戦略によって大きな市場シェアと低コストの両方を時間差で実現している企業がある。一方、なかには特別な能力を身につけることにより、2つの戦略を同時に追求することによって生じる矛盾をうまく解消し、両立を実現している企業もある。

　この特別な能力は、自動車製造に関する最近の研究を通じてその実態が明らかになった。^{（注31）}自動車製造に関する従来の見解は、その製造工場には2つの選択肢しかないというものだった。つまり、製造ラインの組み立てスピードを高めることによって製造コストを低減するか、組み立てスピードを低下さ

せたりチーム重視型の製造を取り入れたりして自動車の品質を向上させるかである。一般に、自動車工場による低コストかつ高品質な(つまり、低コストかつ差別化された)自動車の製造は不可能だと考えられてきた。

この従来の見解を、ある研究グループが検証した。研究グループは、自動車工場のコストと品質のパフォーマンスを測定する厳密な指標を設け、それを用いて中型セダン車の組み立てを行う世界中70カ所の自動車工場を評価した。その結果、調査時にはそのなかの6つの工場が低コストと高品質の両方を実現していることが判明した。^(注32)

続いてその研究グループは、この6つの工場がいかなる点で他の自動車工場と異なっているかを明らかにするため、さまざまな製造方針、マネジメント慣習、文化的要素を検証した。そこから3つの重要な発見が生まれた。

第1に、この6つの工場は最先端のロボットやレーザー誘導式の塗装機など、最高レベルの製造技術を備えていた。しかし同じような技術は、調査対象となった他の多くの工場も備えていたので、製造技術自体が6つの工場を際立たせているとは言えなかった。

第2に、これら6つの工場では先端技術の他に、従業員参加度の高いグループ志向の管理手法が製造方針や製造手順に取り入れられていた。すなわち参加型経営、チーム重視型の生産、総合的品質マネジメント(TQM)などである。

第3に、これらの工場で働く従業員は、自分たちの工場に対する忠誠心やコミットメントがあり、工場長に対しては自分たちを公正(fair)に扱ってくれるはずだという信頼があった。

この研究が示しているのは、コスト・リーダーシップ戦略と製品差別化戦略に内在する矛盾をうまく解消する能力を身につけさえすれば、企業が2つの戦略を両立させられるということだ。そして、こうした矛盾の解消は、従業員同士、従業員と技術、従業員と企業の間に存在する社会的複雑性を有する関係に依存している。これらの関係は、経済的価値を有する(コスト・リーダーシップ戦略や差別化戦略の実行につながることによる)だけでなく、社会的複雑性をも帯びているので模倣コストが高く、持続的競争優位の源泉になり得ることを意味する。

近年では、従来の「中途半端な状態」の論理から距離を置く研究者も多い。こうした研究者によれば、低コスト企業もある程度の差別化を実現しなければ生

き残れず、差別化に重点を置く企業もある程度コストを低減しなければ生き残れない。たとえば、製品差別化を追求している企業の代表格とも言えるファッションブランドのヴェルサーチェ(Versace)だが、近年は新たなCEOと経理担当役員を迎え入れ、コスト管理にも取り組むようになっている。[注34]

本章の要約 Summary

製品が差別化されているとは、他社の製品に比べ、ある企業の製品に対して顧客がより高い価値を認知している状態である。製品差別化につながる源泉はいくつか存在するが、実際に製品が差別化されているか否は結局のところ、常に顧客の認知がそれを決する。

製品差別化の源泉としては、(1)企業が販売する製品やサービスの属性(製品の特徴、製品の複雑性、市場導入のタイミング、立地)、(2)企業と顧客の関係(製品カスタマイゼーション、消費者マーケティング、評判)、(3)企業の内外における連携(社内の機能部門間の連携、他企業との連携、プロダクトミックス、物流チャネル、顧客サービス・サポート)がある。とはいえ、製品を差別化する手段は、マネジャーが創造性を発揮しさえすれば無限の可能性を持つ。

製品差別化の経済的価値は、製品を差別化することによってどれだけ高く価格を設定できるようになるかで決まる。製品差別化の源泉は、それぞれ外部環境における脅威の無力化や機会の活用につながる。また、個々の源泉によって、希少性や模倣困難性の度合いは異なる。模倣困難性の低い製品差別化の源泉としては、製品の特徴がある。若干の模倣困難性が存在する源泉は、プロダクトミックス、他企業との連携、カスタマイゼーション、消費者マーケティングである。模倣困難性の高い製品差別化の源泉としては、機能部門間の連携、市場導入のタイミング、立地、評判、顧客サービス・サポートがある。

製品差別化戦略の実行には、組織構造、経営管理システム、報酬政策などの管理が関わってくる。製品差別化を追求する企業は、組織構造の面では事業分野や機能分野を横断するチーム、または、「スカンクワークス」と呼ばれる特定の差別化施策に専念したチームを活用することが多い。経営管理システム面では、大まかな意思決定のガイドラインのなかで幅広い裁量権を与えるようなシステムや、実験を奨励する経営政策が差別化戦略の実行に役立つ。

最後に報酬政策の面では、リスクテイクや独創性を許容し、複数の評価基準に基づいて従業員のパフォーマンスを評価するような仕組みが差別化戦略の実行に役立つ。

　製品差別化戦略をうまく実行させるために求められる組織の属性には、さまざまなものがある。一部の見解によれば、こうした組織属性とコスト・リーダーシップ戦略の実行に必要な組織属性には矛盾が存在するため、この2つの戦略を同時に追求しようとしても失敗に終わる。

　しかし、より最近の研究には、製品差別化、市場シェア、低コストという3つの要素の関係を指摘するものや、コスト・リーダーシップと製品差別化の矛盾をうまく解消させている企業の存在を観察したものがある。

チャレンジ問題 Challenge Questions

5.1　顧客が価格に対して敏感な業界で製品差別化戦略を追求することは、企業にとって賢明な判断か。低価格の実現には多くの場合、低コストの達成が必要になることを考慮すると、このような市場で製品差別化戦略が果たし得ることは何か。

5.2　企業は製品の特徴に重点を置いて差別化を図ることが多い。しかし製品の特徴はきわめて模倣困難性が低く、持続的競争優位をもたらす可能性がきわめて低い差別化の源泉である。これは一見すると矛盾しているように思えるが、どのように矛盾なく説明できるだろうか。

5.3　回帰分析や快楽価格を用いて製品差別化の源泉を特定することの利点と欠点は何か。

5.4　研究者のなかには、たとえ模倣の脅威があったとしても、製品やサービスの特徴を継続的にアップグレードすることで差別化に基づく優位を維持できると考える者もいる。模倣の抑止に対するこのアプローチは有効か。実例を交えて議論せよ。

5.5　製品差別化戦略を成功させるカギは、統制と創造性の間で最適なバランスを確保することにあると思われる。最適なバランスがとれているかどうかは、どのように判断できるのか。

5.6　製品差別化の源泉の1つに、製品やサービスの複雑性がある。複雑性は、ターゲット顧客の心の中で、その製品の独自性をどのように際立たせるのだろうか。

5.7 製品差別化を追求しているものの、差別化に基づく優位の持続が代替によって(つまり直接的複製によるのではなく)脅威にさらされている事例を2つ挙げよ。これらの企業は、どのように脅威に対処すべきか。またより一般的に言って、差別化による優位を持続させるために必要なことは何か。

演習問題 Problem Set

5.8 次の製品はどのように差別化戦略を追求しているか。

(a) ルイ・ヴィトン(Louis Vuitton)のバッグ

(b) サムスン電子(Samsung)のスマートフォン

(c) BBCのテレビシリーズ

(d) たばこ銘柄のマルボロ(Marlboro)

(e) テンセント(Tencent)の顧客サービス

(f) アップル(Apple)のiPod

5.9 5.8の答えとして挙げた差別化の源泉のうち、持続的競争優位の源泉になるものはあるか。あるならば何か。理由とともに挙げよ。

5.10 回帰分析を行ったところ、次のような結果が得られたとする。なお、アスタリスク(*)は、統計的に有意な係数をあらわす。この市場にはどのような差別化の源泉があると言えるか。(ヒント:回帰係数が統計的に有意となるのは、その効果が単なる偶然であらわれたとは言えない程に大きいことを意味する)

不動産(家屋)の価格 = \$125,000* + \$15,000*(寝室が3つ以上ある)
+ \$18,000 *(3,500平方フィート以上の広さを持つ)
+ \$150(水道が整備されている) + \$180(庭がある)
+ \$17,000 *(敷地面積が0.5エーカー以上ある)

例えば、1エーカーの敷地に建ち、4つの寝室がある、3,800平方フィートの家の価格相場はいくらか。また0.25エーカーの敷地に建ち、4つの寝室がある、2,700平方フィートの家の価格相場はどうか。そしてこれらの結果によって、この不動産市場における競争優位の持続性に関して何らかの見解を導くことはできるか。

5.11 戦略経営プロセスを適用するうえで、ポジショニングは考慮すべき重要な要素である。次の事業のうち差別化に該当するものはどれで、コスト・リーダーシップに該当するものはどれか。また、どちらでもないものはあるか。

(a) プラダ（Prada）のハンドバッグ

(b) 宇宙旅行

(c) 高級ショッピング街で安い商品を販売する小売店

(d) 十分に競争力のある価格で健康に良い食事を、きわめて低い最低注文金額で宅配するサービス

(e) 開発途上国から技術スタッフを雇い、複雑なソフトウエアを開発する

(f) 英国の客船クイーンエリザベス2世号の就航式で余ったウィスキーボトルからショットで注文できるサービス

(g) インターンや大学生を雇い、ミレニアル世代をターゲットにした高級アクセサリーの組み立て作業を行ってもらう

(h) ヴァーチュ（Vertu）の高級携帯電話

(i) 障害を抱えた孤児が製作し、国家元首のサインが施された限定品のTシャツ

5.12　コラム「企業倫理と戦略」（P.73）では、独自性があり差別化されていると企業が主張するさまざまな製品の例を挙げた。また、企業は顧客を保有資産額でセグメンテーションできる。そこである企業が、高級かつ高価格な美容製品を発売するにあたって、従来の基礎的な美容法と比べて美容効果が高いと誇張することは倫理的に問題があるだろうか。

5.13　製品差別化は、外部環境における脅威を無力化し、機会を活用するために、どのように用いることができるだろうか。

5.14　製品差別化戦略をうまく実行するうえで、組織構造はどのような役割を果たし得るか。

1　Sec.gov/Archives/edgar/data/701985/000070198516000051/16130201610k.htm Accessed January 24, 2017.

2　Ono, Y. (1996). "Who really makes that cute little beer? You'd be surprised." *The Wall Street Journal*, April 15, pp. A1+ を参照。1996年にこの記事が発表されて以来、いくつかのクラフトビール企業は自社が追求しているイメージに沿うよう、ビールの醸造方法を改めてきた。

3　Porter, M. E. (1980). *Competitive strategy*. New York: Free Press（邦訳『競争の戦略（新訂）』土岐坤ほか訳、ダイヤモンド社、1995年）; および Caves, R. E., and P. Williamson (1985). "What is product differentiation, really?" *Journal of Industrial Organization Economics*, 34, pp. 113–132 を参照。

4　www.usatoday.com/story/money/cars/2016/12/12/six-hot-cartechnology-trends-watch-2017/95323726/ Accessed January 25, 2017.

5　Lieberman, M. B., and D. B. Montgomery (1988). "First-mover advantages." *Strategic Management Journal*, 9, pp. 41–58.

6　Carroll, P. (1993). *Big blues: The unmaking of IBM*. New York: Crown Publishers（邦訳『ビッグブルース』近藤純夫訳、アスキー、1995年）

7　立地を最初にこのようにとらえた文献としては、Hotelling, H. (1929). "Stability in competition." *Economic Journal*, 39, pp. 41–57; および Ricardo, D. (1817). *Principles of political economy and taxation*. London: J. Murray（邦訳『経済学および課税の原理』羽鳥卓也ほか訳、岩波書店、1987年）がある。

8　Gunther, M. (1998). "Disney's call of the wild." *Fortune*, April 13, pp. 120–124 を参照。

9　Hay, D., and D. Morris (1979). *Industrial economics: Theory and evidence*. Oxford: Oxford University Press; Cowling, K., and J. Cubbin (1971). "Price, quality, and advertising competition." *Economica*, 38, pp. 378–394.

10　評判の概念については、Klein, B., and K. Leffler (1981). "The role of market forces in assuring contractual performance." *Journal of Political Economy*, 89, pp. 615–641 で解説されている。

11　Robichaux, M. (1995). "It's a book! A T-shirt! A toy! No, just MTV trying to be Disney." *The Wall Street Journal*, February 8, pp. A1+ を参照。

12　Henderson, R., and I. Cockburn (1994). "Measuring competence? Exploring firm effects in pharmaceutical research." *Strategic Management Journal*, 15, pp. 63–84 を参照。

13　Kotler, P. (1986). *Principles of marketing*. Upper Saddle River, NJ: Prentice Hall（第9版の邦訳『マーケティング原理』和田充夫訳、ダイヤモンド社、2003年）

14　Porter, M. E., and R. Wayland (1991). "Coca-Cola vs. Pepsi-Cola and the soft drink industry." Harvard Business School Case No. 9-391-179.

15　Ghemawat, P. (1993). "Sears, Roebuck and Company: The merchandise group." Harvard Business School Case No. 9-794-039.

16　Chamberlin, E. H. (1933). *The economics of monopolistic competition*. Cambridge, MA: MIT Press; Robinson, J. (1934). "What is perfect competition?" *Quarterly Journal of Economics*, 49, pp. 104–120.

17　Welsh, J. (1998). "Office-paper firms pursue elusive goal: Brand loyalty." *The Wall Street Journal*, September 21, p. B6.

18　White, E., and K. Palmer (2003). "U.S. retailing 101." *The Wall Street Journal*, August 12, pp. B1+ を参照。

19　Angwin, J. (2003). "Some 'enlargement pills' pack impurities." *The Wall Street Journal*, April 8, p. B1; Pisano, G. (1991). "Nucleon, Inc." Harvard Business School Case No. 9-692-041.

20　Hennart, J. F. (1988). "A transaction cost theory of equity joint ventures." *Strategic Management Journal*, 9, pp. 361–374 を参照。

21　Deutsch, C. H. (1991). "How is it done? For a small fee . . ." *New York Times*, October 27, p. 25; and Armstrong, L. (1991). "Services: The customer as 'Honored Guest.'" *BusinessWeek*, October 25, p. 104.

22　Yoffie, D. (1994). "Swissair's alliances (A)." Harvard Business School Case No. 9-794-152 を参照。

23　"WPP—Integrating icons." Harvard Business School Case No. 9-396-249.

24　Orosz, J. J. (2002). "Big funds need a 'Skunk Works' to stir ideas." *Chronicle of Philanthropy*, June 27, p. 47.

25　Chan Kim, W., and R. Mauborgne (2005). *Blue ocean strategy*. Cambridge: Harvard Business School Press（邦訳『［新版］ブルー・オーシャン戦略』有賀裕子訳、ダイヤモンド社、2015年）

26　Van de Ven, A., D. Polley, R. Garud, and S. Venkatraman (1999). *The innovation journey*. New York: Oxford, pp. 198–200.

27　Position, L. L. (1999). "David S. Pottruck." *BusinessWeek*, September 27, EB 51.

28　Porter, M. E. (1980). *Competitive strategy*. New York: Free Press（邦訳『競争の戦略（新訂）』土岐坤ほか訳、ダイヤモンド社、1995年）

29　Hill, C. W. L. (1988). "Differentiation versus low cost or differentiation and low cost: A contingency framework." *Academy of Management Review*, 13(3), pp. 401–412.

30　Gibson, R. (1995). "Food: At McDonald's, new recipes for buns, eggs." *The Wall Street Journal*, June 13, p. B1.

31　この研究については、第3章（上巻）のコラム「関連する学術研究」で最初に検討した。

32　Womack, J. P., D. I. Jones, and D. Roos (1990). *The machine that changed the world*. New York:

Rawson.

33　Porter, M. E. (1985). *Competitive advantage*. New York: Free Press（邦訳『競争の戦略（新訂）』土岐坤ほか訳、ダイヤモンド社、1995年）

34　Agins, T., and A. Galloni (2003). "Facing a squeeze, Versace struggles to trim the fat." *The Wall Street Journal*, September 30, pp. A1+.

第6章

柔軟性とリアルオプション

Flexibility and Real Options

本章では、以下を習得する。

6.1 戦略的柔軟性やリアルオプションを定義できるようになる。

6.2 柔軟性やリアルオプションが企業に価値をもたらす条件を
具体的に述べられるようになる。

6.3 柔軟性やリアルオプションが、どのような状況において
持続的競争優位の源泉になるかを述べられるようになる。

6.4 柔軟性戦略やリアルオプション戦略の実行に関わる、
組織上の課題について述べられるようになる。

●ネットフリックスの社名に隠された意図

　ネットフリックス（Netflix）という会社に対しては、創業以来10年の間、誰もが同じ疑問を抱いていた。「『Netflix』という社名はどこからきているのか」。「flix」という部分については誰もが理解できた。「flix」は映画を意味するスラングである。1997年の創業以来、同社は映画メディアの配送業を営んでいた。オンラインでレンタルDVDの注文を受け付け、それを顧客へ郵送するビジネスモデルである。しかし郵送という流通手段であれば、社名の「Net」という部分はネットフリックスの事業とはまったく関係がないように思われる。より適切な社名としては、「Mailflix」か「Letterflix」だろう。

　社名はともかく、ネットフリックスはこの郵送型DVD配送モデルによって非常に大きな成功を収め、2000年になると当時DVDレンタル業界をリードしていたブロックバスター（Blockbuster、訳注：現在は倒産している）を脅かすようになった。当時のブロックバスターは、顧客がDVDをレンタルしに訪れる小売店舗を営業していた。DVDをレンタルした顧客は、返却する際に同じ店舗を訪れなければならなかった。郵送でのDVDレンタルは、このような2度にわたる訪問の手間を省き、DVDが届くのを待たなければならないという点を除けば、小売店舗を通じてレンタルするよりもはるかに便利なサービスだった。

　実はブロックバスターは1990年代後半に、ネットフリックスのDVD配送モデルを複製しようと試みたが失敗に終わっていた。ネットフリックスは、郵送によるDVDレンタル事業に必要な洗練された配送システムを築き上げていたが、ブロックバスターにとっては模倣困難だったのだ。そこでブロックバスターは複製を断念し、2000年に5000万ドルの買収オファーをネットフリックスに提示した。しかし、創業者のリード・ヘイスティングス（Reed Hastings）とマーク・ランドルフ（Marc Randolph）はこれを拒絶した。そしてネットフリックスはその後、本来のビジョンを達成するチャンスをうかがいつつ、従来どおりDVDレンタル事業を続けていった。その間、同社は常に顧客の期待を上回り、エンターテインメント業界において認知度の高いブランドを築き上げ、映画製作に関するノウハウを深めていった。

　2002年、ネットフリックスは3.09億ドル規模のIPOによって上場を果たした。しかし、ネットフリックスが、ブロックバスターによって提示された

2年前のオファーを6倍も上回る企業価値評価を受けることができたのは、DVDレンタル事業への評価によるものではない。DVDレンタル事業で成功を収めたことにより、オンライン配信市場に今後参入する際の有利なポジションを確保していたからである。当時オンライン配信市場はまだ確立されていなかったが、多くの業界関係者はオンライン配信がエンターテインメント業界で重要な位置を占めると見込んでいた。唯一の障壁は、高速なインターネットサービスが2002年の時点では消費者の間に広く普及していない点だった。当然ながら、高速インターネットなくしてはオンラインでの動画配信は不可能である。

　ネットフリックスは、2002年から2007年にかけてオンライン動画配信サービスの運営に必要な技術に投資していった。その間、高速インターネットも徐々に普及していった。そして2007年、同社はオンライン動画配信サービスを立ち上げた。ついに社名通り、実際に「ネット」上で「フリックス」を配信するようになったのである。

　そのさらに10年後の2017年、ネットフリックスは世界190カ国で9300万人のユーザーを確保するまでに成長している。2016年には、どの地上波のテレビ局やケーブルテレビ局をも上回る126本のオリジナルシリーズを製作した。さらにフールー（Hulu）、アマゾンプライムビデオ（Amazon Prime Video）、ユーチューブ（YouTube）など有力な競合相手がいながら、2016年には企業価値が411億ドルに達した。ブロックバスターが2000年にオファーした5000万ドルから考えると、破格の企業価値評価である。^{（注1）}

　もしネットフリックスが郵送のDVDレンタル事業で成功を収めていなかったとしたら、2007年に動画配信業界に参入できただろうか。可能性がまったくなかったとは言えないが、DVDレンタル事業における実績があったからこそ、オンライン配信技術の開発に必要な資金を調達できたとも言えるだろう。ネットフリックスは、DVDレンタル市場で成功したことによって、オンライン配信市場への参入準備に投資するオプションや、実際に参入するオプションを設定したのである。言い換えれば、ネットフリックスの初期における事業戦略は、オンライン配信市場への参入を検討し、実際に参入を果たすだけの柔軟性を提供したのである。

　本書でこれまで取り上げてきた2つの事業戦略（コスト・リーダーシップと製

品差別化)は、いずれもその戦略への集中とコミットメントがあってこそうまく実行できる戦略である。これらの戦略を選んだ企業は、特定のかたちでビジネスを遂行し、組織体制を築き、場合によっては、特定の組織文化を醸成することにすらコミットする。したがって当然ながら、上記いずれかの戦略を選んだ企業が、途中でそれを変更するということはあまり頻繁に起こらない。

　本章では、それら事業戦略への代替的アプローチを検証する。このアプローチの焦点は、特定戦略への集中やコミットメントではなく、柔軟性である。戦略的柔軟性を追求する企業は、決められた行動方針に従う代わりに、複数の戦略オプションを設定しておき、あるオプションの価値の不確実性が解消された時点で、初めて一定の方針に従って行動する。

　ネットフリックスは、DVDの郵送レンタル事業を営んでいる間、常にオンライン配信事業に投資するオプションを残していた。そしてのちに、高速インターネットの普及によってオンライン配信事業の需要に関する不確実性が解消された時点で、あらかじめ設定していた「オンライン配信に必要な技術に投資する」というオプションを行使し、動画配信事業を立ち上げたのである。

　このように、「戦略的柔軟性を維持するためにオプションを設定しておく」ということに焦点を置いた戦略アプローチは、コスト・リーダーシップや製品差別化と並ぶ、第3の一般的事業戦略と考えることができる。

●──戦略的柔軟性とは何か

到達目標 6.1
戦略的柔軟性やリアルオプションを定義できるようになる。

　戦略的柔軟性(strategic flexibility)とは、複数の戦略の選択肢から1つを選ぶことができる状態である。たとえば企業は、1つの源泉に完全にコミットすることなく、製品差別化戦略を追求できる。

　保険会社のプログレッシブ(Progressiv Insurance)は、米国市場において「フロー」をイメージキャラクターとして広告活動を展開しているが、自動車保険の差別化にあたっては、定期的に他のアプローチも採用している(例：代替的

イメージキャラクターである「プログレッシブ・ボックス」)。プログレッシブは、こうした複数の代替的広告アプローチに投資することで構築したオプションを、将来のある時点で「フロー」を放棄することによって、行使するかもしれない。[注3]

　また企業は、コスト・リーダーシップ戦略において柔軟性を設定することもできる。たとえば生産活動であれば、外部調達と内製のどちらがより低コストか明らかでない場合である。この時企業は、まず生産活動の一部を外部調達して残りを社内で行い、それぞれのコストを詳細に監視することで柔軟性を設定できる。この実験をしばらく続けた後、どちらか一方のアプローチにしぼって、コスト・リーダーシップを追求することができる。[注4]

　あるいは、いずれの生産形態にかかるコストも時とともに予測不能なかたちで変動する可能性を考慮し、両アプローチを維持するという選択もあり得る。この場合、一方の生産アプローチの相対的コストがその後より大きく低下し、その状況がしばらくは持続すると判断されるのであれば、企業はそのアプローチの比重を高める可能性がある。

　実際、コスト・リーダーシップや製品差別化だけではなく、本書で検討するすべての戦略は、(事業戦略と全社戦略を問わず)いくつかの選択肢から選ぶという行為が関わってくるので、いずれの場合も柔軟性を考慮することが重要になる可能性がある。したがって、垂直統合を行うべきか否か(第8章(下巻))、経営多角化を行うべきか否か(第9章および第10章(いずれも下巻))、提携するべきか否か(第11章(下巻))、買収するべきか否か(第12章(下巻))などが、それぞれ確実に判断できない場合、これらの戦略を追求するうえで柔軟性を考慮することが重要になる可能性がある。

◉柔軟性の種類

　戦略的柔軟性を確保するためには、企業は**戦略オプション**(strategic option)を保有していなくてはならない。戦略オプションを持つということは、特定の戦略に投資する能力はあるものの、必ず投資しなければならないという状況には置かれていないことを意味する。金融オプションの考え方に精通している読者ならば、この定義が金融オプションの定義とよく似ていることに気づくだろう。実際、戦略オプションはリアルオプションの一種ととらえ

表6.1	柔軟性の種類およびそれぞれの種類の柔軟性を生み出すために取り得る行動の例	
柔軟性の種類	例
延期オプション	原油探査のための土地を購入せずにリースする石油会社
成長オプション	生産能力の増強が低コストで行えるような工場の建設
縮小オプション	フルタイムの従業員の代わりに契約社員や派遣社員を雇う
一時停止再開オプション	自社製品のみを取り扱う流通業者の代わりに、多くの企業の製品を取り扱う流通業者に委託
廃棄オプション	汎用性のある機械のみを導入した製造工場の建設
拡張オプション	将来的に他の製品の開発につながることを考慮して、いまのうちにある製品に投資する

ることが可能である。

　リアルオプション（real option）を保有する企業は、何らかの実物資産に投資する能力がありながら、投資する義務は負わない。リアル（実物）資産（real assets）とは、土地、建物、原材料、最終製品の在庫、物流システム、IT技術など、企業の生産活動に関わる何らかの有形資産である。[注5]

　もちろん、企業がオプションの設定によって生み出す戦略的柔軟性にはさまざまな形態がある。表6.1には、柔軟性の種類のなかで最も重要なものをリストアップし、その設定対象となる企業行動の場面を挙げた。[注6]

　第1に企業は、特定の戦略への満額投資を、ある時点まで先送りする能力を高める戦略的選択を行う場合がある。これが延期オプション（option to defer）である。たとえば石油・天然ガス企業は、原油の探査や開発を行うための土地を購入せずにリースすることで、こうしたオプションを設定できる。これにより、その企業は将来の原油価格に関する不確実性が解消したり、その土地が持つ原油生産の潜在的ポテンシャルへの理解がより完全になるまで、その土地での探査と開発に満額投資する判断を先送りできる。それに対して、土地をリースせずに購入してしまった石油会社は、将来的にその土地に満額投資しないというオプションを放棄したことになり、土地をリースした企業よりも柔軟性が低くなる。

　第2に企業は、あるプロジェクトへの投資を増大させることが有益なオプションとなった時に備え、そうした能力を高めておく選択をする場合もある。これが成長オプション（option to grow）である。製造業を営む企業は、比較的低コストで生産能力を増強できるような工場を建てることで、このオプションを設定できる。たとえば、稼働率の低い製造ラインを1つの工場内でいく

つか操業しておき、需要の増加に伴ってそれぞれの稼働率を高めていくという手段がある。

第3に企業は、特定の戦略への投資を減少させ、事業規模を縮小することが有益なオプションとなる時に備え、それを実行しやすくする選択を行う場合もある。これが**縮小オプション**（option to contract）である。このようなオプションを設定する1つの方法は、フルタイムの従業員でなく契約社員や派遣社員を用いることである。

ほとんどの国では人員削減をする際に、フルタイムの従業員に比べて契約社員や派遣社員を削減するほうがかなり低コストである。なかには、ドイツやフランスのように、人員削減にかかるコストの高さから、フルタイム従業員の雇用がかなり制約されている国もある。以上の理由から、契約社員や派遣社員の割合が高い企業は、フルタイム従業員のみを雇っている企業に比べて柔軟性が高くなる。

第4に企業は、事業活動をいったん停止した後、再開することが有益なオプションとなる時に備え、それをしやすくする選択を行う場合もある。これが、**一時停止再開オプション**（option to shut down and restart）である。例として次のような2社を比較してみよう。企業Aは、自社製品のみを扱っている業者に製品流通を委託しており、もう一方の企業Bは、数多くの企業の製品を扱っている業者に製品流通を委託している。仮に市場環境の悪化により、2社とも事業活動の一時停止を強いられたとする。この2社のうち、どちらのほうが事業活動を再開させるコストが低いだろうか。

A社の製品を扱う流通業者は、A社の製品事業が停止している間、自らも活動を停止することになり、かなりの損失をこうむる。実際、A社が事業を再開したころには倒産してしまっているかもしれない。一方、B社の製品を扱う流通業者は、他の企業の製品も流通させているため、B社の事業停止中もおそらく生き残ることができる。B社は事業を再開させる際、この同じ流通業者と取引を再開し、これまでどおりに事業を続けることができる。一方A社は、再開にあたって新たな流通業者を探し出さなければならない。したがって、A社よりもB社のほうが事業を再開させるコストがかなり低い。その意味で、数多くの企業の製品を取り扱っている流通業者を選ぶことは、事業をいったん停止し、次に再開させる必要が出てきた際に、それをしやすくするという意味でその企業の柔軟性を高める。

第5に企業は、ある戦略を廃棄しやすくなる選択を行う場合もある。これが**廃棄オプション**（option to abandon）である。このオプションを設定する手段としては、たとえば生産工場を建てる際に、汎用性のある機械しか導入しないという選択がある。汎用性のある機械は、高度にカスタマイズされた生産設備に比べて再利用性が高いため、より高い価格で他社に転売できる可能性が高い。特定の戦略に対して行った投資から残余価値を絞り出すことができれば、その戦略を廃棄するコストは低下する。したがってこの企業は、より高い柔軟性を持って戦略を廃棄するかどうかを判断できる。

第6に企業は、戦略の幅を拡張する能力を高める選択をする場合がある。これが**拡張オプション**（option to expand）である。たとえばある製薬会社が、製品Ａを生み出すのに必要な研究開発を行ったとする。もし、製品Ａを生み出すために投資した研究開発の成果が、追加的な投資によって製品Ｂや製品Ｃの開発にも活用できるとすれば、この企業は拡張オプションを設定したことになる。それに対して、最初の研究開発に投資しなかった企業は、その後において製品Ｂや製品Ｃの開発に投資するかどうかを選択する柔軟性を持てない。

この例を見れば、企業がある行動によって、2つ以上の種類の柔軟性を同時に確保することも可能であることがわかる。つまり、製品Ａへの投資は拡張オプションを生み出すだけでなく、製品Ｂや製品Ｃに対する投資を先送りする延期オプションも同時に生み出している。

⊙──戦略的柔軟性の経済的価値

到達目標 6.2
柔軟性やリアルオプションが企業に価値をもたらす条件を
具体的に述べられるようになる。

戦略的柔軟性は、不確実な状況において特に高い価値がある。この場合、不確実性とリスクという概念を区別して考えることが重要である。**リスキー**（risky）な意思決定とは、ある意思決定が最終的にもたらす結果に確証はないものの、起こり得る複数の結果が何か、およびそれぞれの結果の生起確率が

事前に判明している意思決定である。(注7)

リスキーな意思決定の典型例は、カジノのギャンブルである。カジノの客が賭けをする時、スロットマシンのレバーを引くこと、サイコロを転がすこと、カードをひっくり返すことによってもたらされる結果はわからない。しかし、賭けをした時点でどのような種類の結果があり得るか、およびそれぞれの結果が生じる確率はすべてわかっている。これらの情報を用いれば、ある賭けをすることの期待リターンは、かなり正確に計算できる。

◉リスクを考慮した戦略的意思決定

リスクの概念は、本書のこれまでの多くの記述において暗黙の前提とされてきた。最初にリスクに関わる内容に触れたのは、第1章(上巻)でパフォーマンスを議論したところである。そこでは、企業のパフォーマンスを評価する1つの方法として、加重平均資本コストに対するリターン水準を確認するという手段を紹介した。加重平均資本コストを構成する重要な要素には株主資本コストがあり、株主資本コストは、資本資産評価モデル(CAPM)を用いて推定できる。CAPMには、ある企業の過去におけるリターン率と分散した株式ポートフォリオの過去におけるリターン率の相関関係をあらわす β という指標が含まれる。この β という係数は、過去のパフォーマンスを考慮した、ある企業のリスク水準である。

一般に、リスクの概念が戦略分析において最も頻繁に用いられるのは、現在価値分析を行う際である。ある戦略を選択・実行することによって生み出されるキャッシュフローの**現在価値**(present value)とは、キャッシュフローの合計をリスクの度合いに応じて割り引いた値である。キャッシュフローのリスク度合いは、次の数式における割引率kによってあらわされる。

$$\mathrm{NPV}_j = \sum_{t=0}^{N} \frac{(\mathrm{NCF}_{j,t})}{(1+k)^t}$$

それぞれの記号の意味は、以下のとおり。

NPV_j ＝企業jのキャッシュフローの正味現在価値

N＝投資の経済的寿命

$\mathrm{NCF}_{j,t}$ ＝企業jのt時点における正味キャッシュフロー

k＝割引率

　ある戦略を選択・実行することによって生み出されるキャッシュフローが
ごく低リスクである場合、この数式におけるkの値は非常に小さくなり、分
母の値は1に近づき、割引幅は限りなくゼロに近づく。反対にキャッシュフ
ローのリスクがきわめて高い場合、分母は大きくなり、著しく大きな割引が
生じる。

◉不確実下でのリスクに基づく意思決定の限界

　このようなかたちで戦略分析にリスクを組み込むアプローチは、不確実性
の下では機能しない。**不確実（uncertain）**な意思決定とは、それがいかなる結
果をもたらすか確証がなく、かつ起こり得る複数の結果が何なのかも事前に
わかっていない意思決定である。

　先ほどのギャンブルの例を用いて言えば、不確実な状況というのは、自分
が参加しているのがどのようなゲームかすら不明な場合や、わかっていたと
してもルールが予測不能なかたちで変化するため、賭けの期待リターンを算
出できないような状況である。不確実な状況においては、次の3つの理由に
より現在価値分析の有効性が失われる。

　第1に、不確実性の下では、単純にキャッシュフロー予測の信頼性が低い。
たとえば、次のような状況を考えてみてほしい。ゼネラルモーターズ（GM）
が仮にある既存の車種について需要の増大を見込んでおり、工場勤務体制を
現状の2交代から3交代に移行させることを考えているとする。またGMは、
長期にわたって2交代制を稼働させてきており、そこに新たなシフトを追加
する経験は豊富だと想定する。この場合GMの幹部は、既存の工場で新たな
シフトを追加して稼働させるコストと、生産規模の拡大による収益の増加に
ついて、正確に予測を立てられるだろう。つまりGMの幹部は、新たなシフ
トを稼働させることによる正味キャッシュフローを予測できるはずだ。

　しかし既存の車種ではなく、まったく新しい製品を生産するためにシフト
を追加すべきか否かを検討している場合はどうか。この新製品は、GMにと
っても世間にとってもまったく新しい技術を新しい方法で活用し、新たな顧
客に対して販売するものとする。こうしたGMにとっても世間にとってもま

ったく新しい革新的製品の場合、正味キャッシュフローの予測はかなり難しくなる。このような不確実性の下では、予期せず浮上するコストや機会が、最終的なキャッシュフローに予測不能な影響を与える可能性がある。

　第2に、不確実性の下では、生み出されるキャッシュフローのリスクを正確に判断することが困難になる。伝統的なリスクベースの意思決定ロジックでは、異なる戦略の選択・実行によって生み出されるキャッシュフローは、それぞれ異なるリスクカテゴリーに分類される。最もリスクの高いキャッシュフローの割引率は高く、リスクの低いキャッシュフローの割引率は低く設定される。

　しかし不確実性の下では、特定のキャッシュフローがどの程度のリスクを持つか不明である。このような状況に置かれた企業は、基本的にいかなるキャッシュフローもリスクが高いものだと想定して意思決定することが賢明だと判断するかもしれない[注8]。だが、事前にそのような前提を置いた企業は、事後的に見れば低リスクで大きなプラスのキャッシュフローを生み出せる戦略があるにもかかわらず、その選択や実行を回避してしまう可能性がある。

　第3に、企業は現在価値の考え方に基づいて戦略意思決定にリスクを組み込むアプローチを、暗黙の前提としていることがある。それは、実行する戦略の内容やその実行方法に関する意思決定を、その戦略の選択と実行の時点ですべてまとめて同時に行うことを意味する。

　しかし実際の戦略選択は、一定期間にわたって段階的に行われるものである。たとえば戦略の実行における第1段階では、いくつかの戦略オプションは手放され、いくつかの戦略オプションは保持される。続いて第2段階では、残った戦略オプションについてさらなる判断が行われる。こうした判断は、企業のその後の柔軟性を低下させるか、あるいはさらに高めることもあるかもしれない。戦略が実行されている間は、こうした判断が常に繰り返されていく。

　すなわち、戦略のその後の実行過程を通じて得られるすべての成果が、その戦略を選択する時点ですべて判明していることを前提とする戦略意思決定には、次の2点を見逃してしまう恐れがある。(1)世界が予測不能なかたちで変化するということ、および(2)そのような不確実性に対して段階的に戦略意思決定を設定して柔軟性を確保しておくと、企業に莫大な価値をもたらす可能性があるということだ。

●柔軟性の価値評価

　上記のように現在価値の考え方は、戦略意思決定にリスクを組み込むためには重要な役割を果たすが、不確実性の下では通用しない。それでは、不確実性下における戦略的柔軟性の価値はどのように評価できるのだろうか。本章では、この評価を行う際のアプローチを2つ紹介する。いずれのアプローチも、コラム「より詳細な検討」にまとめられている金融オプションの評価ロジックをベースとするものである。

より詳細な検討

ブラック・ショールズ・モデルによる金融オプションの評価

　オプションの価値は、次の5つの変数によって決まることがわかっている。
1. 原資産の価格S(たとえば、ストック・オプションの対象となる株式の価格)
2. オプションの行使価格X
3. 満期までの期間T
4. オプションの対象となる原資産価格の分散σ^2(たとえば、ストック・オプションの対象となる株式価格の分散)
5. リスクフリー利子率r_f

　これらの変数を組み合わせれば、次の公式を通してオプションの価値を導くことができる。

$$c = SN(d_1) - [Xe^{-r_f T}N(d_2)]$$

　上記の等式において、
　　c＝オプションの価値
　　S＝原資産の価格
　　X＝オプションの行使価格
　　T＝満期までの期間

r_f＝リスクフリー利子率

$$d_1 = \frac{\ln(S/X) + r_f T}{\sigma \sqrt{T}} + \frac{1}{2}\sigma\sqrt{T}$$
$$d_2 = d_1 - \sigma\sqrt{T}$$

　$N(d_1)$と$N(d_2)$は、正規分布におけるd_1とd_2、それぞれの累積面積である。上記の公式を**ブラック・ショールズ方程式**（Black-Scholes formula）と呼ぶ。

　一見すると難解な印象を受ける公式だが、適用の仕方は簡易な3ステップにまとめることができる。第1に、d_1とd_2それぞれを求めるのに必要な代入値を特定する。第2に、正規分布曲線よりも下方の面積を一覧にした表を用いて$N(d_1)$と$N(d_2)$の値を計算する。第3に、オプションの価値を計算する。

　以下、次のような性質を持ったオプションについて価値の算出を行ってみる。（1）原資産の価格S（たとえばストック・オプションなら現時点における株式価格）は50ドル、（2）オプションの行使価格Xは45ドル、（3）オプションの満期までの期間Tは3カ月（1年に対する割合としてあらわすことができるのでT＝0.25）、（4）原資産価格の分散σ^2は20％、（5）リスクフリー利子率r_fは6％。^(注9)

　これらの値をd_1およびd_2の推定値をあらわす公式に代入すると、以下のとおりになる。

$$d_1 = \frac{\ln(50/45) + 0.06(0.25)}{\sqrt{0.2}\sqrt{0.25}} +$$
$$\frac{1}{2}(\sqrt{0.2}\sqrt{0.25})$$
$$= 0.54 + 0.11$$
$$= 0.65$$

$$d_2 = d_1 - \sigma\sqrt{2}$$
$$= 0.65 - (\sqrt{0.2}\sqrt{0.25}) = 0.43$$

これらの値を本コラムの最初に示した公式に代入すると以下のとおりになる。

$$c = SN(0.65) - [Xe^{-r_f T}N(0.43)]$$

$N(d_1)$と$N(d_2)$は、正規分布曲線よりも下方の面積を示した**表6.2**のよう

な一覧表を用いて算出できる。多くの関数電卓には、正規分布曲線下の面積を自動的に算出する機能が搭載されている。表6.2で示した値は、正規分布の中央値から右に$d_1 = 0.65$と$d_2 = 0.43$の分だけ離れた位置までの正規分布曲線下の面積をあらわす。したがって、この分布における中央値（0）から右に標準偏差の0.65倍分だけ離れた位置（$d_1 = 0.65$より）までの面積は約0.242であることがわかる。また、中央値よりも左側の曲線下の合計面積は0.5である。したがって、$d_1 = 0.65$の場合における曲線下の累積面積（つまり、合計面積）は、$0.5 + 0.242 = 0.742$である。したがって、$N(d_1) = 0.742$である。$N(d_2)$について同じ手順を繰り返すと、$N(d_2) = 0.665$が導かれる。

$N(d_1)$と$N(d_2)$の推定値を導けば、オプションの価値を以下のように算出できる。

$$c = 50(0.742) - [45e^{-0.06\,(0.25)}(0.665)]$$
$$= 37.10 - 45(0.9851)(0.665)$$
$$= 37.10 - 28.48$$
$$= 7.62$$

したがって、このオプションの価値は7.62ドルである。つまり、このオプションに投資するべきだと言うためには、投資家が現在50ドルの株式を3カ月後に45ドルで購入する権利（義務ではない）に対して、この株式のこれまでの価格変動率とリスクフリー利子率を与件とすれば、最低でも7.62ド

表6.2	正規分布曲線よりも下方の面積								
D	.00	.01	.02	.03	.04	.05	.06	.07	.08	.09
0.0	.0000	.0040	.0080	.0120	.0160	.0199	.0239	.0279	.0319	.0359
0.1	.0398	.0438	.0478	.0517	.0557	.0596	.0636	.0675	.0714	.0753
0.2	.0793	.0832	.0871	.0910	.0948	.0987	.1026	.1064	.1103	.1141
0.3	.1179	.1217	.1255	.1293	.1331	.1368	.1406	.1443	.1480	.1517
0.4	.1554	.1591	.1628	.1664	.1700	.1736	.1772	.1808	.1844	.1879
0.5	.1915	.1950	.1985	.2019	.2054	.2088	.2123	.2157	.2190	.2224
0.6	.2257	.2291	.2324	.2357	.2389	.2422	.2454	.2486	.2517	.2549
0.7	.2580	.2611	.2642	.2673	.2704	.2734	.2764	.2794	.2823	.2852
0.8	.2881	.2910	.2939	.2967	.2995	.3023	.3051	.3078	.3106	.3133
0.9	.3159	.3186	.3212	.3238	.3264	.3289	.3315	.3340	.3365	.3389
1.0	.3413	.3438	.3461	.3485	.3508	.3531	.3554	.3577	.3599	.3621

戦略的柔軟性の定性的価値評価

　戦略的柔軟性の価値の定量的評価方法を解説する前に、ブラック・ショールズ・モデルが柔軟性の定性的価値評価に与える示唆を検討してみよう。難解な印象を与えるブラック・ショールズ・モデルだが、突き詰めて言えば、このモデルはオプション価値をたった5つの要素で評価できる。オプションの行使価格(X)、オプション行使によって得られるキャッシュフロー(S)、オプションの満期期間(T)、リスクフリー利子率(r_f)、原資産価格の分散(＝将来的なキャッシュフローの不確実性、σ^2)である。**表6.3**で示したとおり、これらの変数はリアルオプションによって生み出される戦略的柔軟性の価値を評価するうえで、それぞれ特定の意味を持っている。

　第1にリアルオプションは、行使価格(X)が低いほどその価値が高くなる。なぜなら、他の条件がすべて同じ場合、行使価格が低いリアルオプションほど行使される可能性が高いからである。このような状態を「イン・ザ・マネー」と呼ぶ。リアルオプションは、オプションによってもたらされる価値が、オプションの行使コストを上回らない限り行使されない。したがって、行使コストが低いほど行使される確率が高くなる。反対に、リアルオプションは、行使価格が高いほど価値が低くなる。したがって、他の条件がすべて同じ場合、リアルオプションの行使価格の観点からは、将来における実行コストが高い戦略よりも、それが低い戦略のほうが企業にとって望ましい選択になる。

表6.3｜リアルオプションの各要素がその価値に与える影響

リアルオプションの要素	リアルオプション価値に対する影響
行使価格（X）	行使価格が低いほどリアルオプションの価値は高くなる
創出キャッシュフロー（S）	オプションの行使によって創出されるキャッシュフローが大きいほどリアルオプションの価値は高くなる
満期までの期間（T）	満期までの期間が長いほどリアルオプションの価値は高くなる
リスクフリー利子率（r_f）	リスクフリー利子率が高いほどリアルオプションの価値は高くなる
将来的なキャッシュフローの不確実性（σ^2）	将来的なキャッシュフローの不確実性が高いほどリアルオプションの価値は高くなる

第2にリアルオプションは、オプション行使によって生み出されるキャッシュフロー（S）が大きいほど価値が高くなる。リアルオプションが企業にとって価値を持つためには、このキャッシュフローがオプションの行使コストを上回らなければならない。リアルオプションは、キャッシュフローがオプションの行使価格をはるかに上回るような場合には、かなり高い価値を持つ。他の条件がすべて同じ場合、将来的に生み出されるキャッシュフローが大きい戦略ほど望ましい。

　第3にリアルオプションは、満期までの期間（T）が長いほど価値が高くなる。リアルオプションは、不確実性下において企業に柔軟性を与えることがその最大の意義である。企業としては、意思決定を先延ばしできるほど高い柔軟性を確保できる。もちろんほとんどの場合企業は、満期を待たなくてもリアルオプションを行使できる。[注11] よって満期までの期間が長いオプションは、代償なくして企業の柔軟性を高める。この場合企業は、満期までの長い期間のどこかでリアルオプションを行使するのに適切な場面が訪れれば、ほとんどの場合は行使が可能である。また、満期まで待つことが適切な場面では、満期にいたってからオプションを行使するという選択肢もある。よって満期までの期間が長いオプションは、企業の柔軟性を高めるため価値が高い。

　第4にリアルオプションは、リスクフリー利子率（r_f）が高いほど価値が高くなる。ただし、リスクフリー利子率は通常、戦略的判断を行うマネジャーが直接コントロールはできないので、その判断にはあまり影響しない。ただし、リスクフリー利子率の変動が予想される場合（上昇か低下のどちらかは問わない）、柔軟性を左右する要素がまったく存在しない状況で投資判断を行う場合に比べ、リアルオプションの価値が増大したり、減少したりすることはある。

　最後にリアルオプションは、不確実性（σ^2）が高いほど価値が高くなる。その理由は、不確実性の高さに応じて柔軟性を持つことの重要性が異なるためである。どのような戦略行動をとるべきかが明らかでない状況では、柔軟性の確保が最適な戦略的判断となる。柔軟性とは、言い換えればどれほど多くのオプションを維持できるかという能力である。当然、どの戦略を追求すべきかに関して不確実性が高い状況では、より多くのオプションを維持する能力が高い価値を持つ。

　リアルオプションの価値を分析する際、不確実性がもたらす影響を考慮することは非常に重要である。リアルオプションが企業にとって経済的価値を

持つのは、オプションの行使によって生み出されるキャッシュフローが、オプション行使のコストを上回る場合である(つまり、$S > X$)。ただし、行使するオプションを設定するのにかかるコストは、延期オプション、成長オプション、拡張オプション等を生み出すために投資する額で固定されている。したがって、リアルオプションのプラス方向におけるポテンシャルは、オプション行使が生み出すキャッシュフローが決定するが、マイナス方向のリスクは固定されている。この状況においては、キャッシュフローの不確実性は高いほど望ましい。なぜなら、不確実性の高いキャッシュフローは、かなり高いリターンを生む可能性がある一方、キャッシュフローを入手するために負担するマイナス方向のリスクは固定されているからである。言い換えれば、不確実性の下においては、損失のリスクは通常と変わらず、利益を得られる可能性は高まる。よって不確実性が高いほど、リアルオプションの価値は高まることになる。

　以上のようなリアルオプションの定性的特徴は、どのような状況であればリアルオプション分析を行うべきかを判断するうえで役に立つ(つまりそれは、不確実性が高い状況)。また、どのリアルオプションに投資すべきかを判断するうえでも役に立つ(つまり、行使価格が高いオプションよりも低いオプション、キャッシュフローが小さいオプションよりも大きいオプション、満期までの期間が短いオプションよりも長いオプション、リスクフリー利子率が低いオプションよりも高いオプションに投資するという判断)。こうした判断は、リアルオプションの価値を実際に算出しなくても行える。

　先ほどの製薬会社の例に戻ろう。この製薬会社は、製品Aを開発することが、将来において製品Bや製品Cを開発する能力に与える影響に基づいて、製品Aの開発に投資すべきかどうかを判断しようとしている。将来的に製品BやCを開発するオプションを設定するために製品Aに投資すべきかどうかは、そのようなオプションの価値を定量的に評価する方法がなかったとしても、表6.3に挙げた条件に基づいて判断することができる。

　この製薬会社のマネジャーが、製品Aにまつわるリアルオプションの価値を主観的に評価する際には、次のような問いを立てることになる。製品BやCを開発するために必要な追加的投資の額はいくらか。製品BやCはどのようなキャッシュフローを生み出すと予想されるか。製品BやCへの投資はどれぐらい先延ばしできるか。リスクフリー利子率は現在いくらで、今後どの

ように変動すると予想されるか。製品BやCによって生み出されるキャッシュフローには、どの程度の不確実性が存在するか。

製品BやCを開発するためにかかる追加的投資の金額が小さく、製品BやCが生み出す潜在的なキャッシュフローが大きく、製品BやCへの投資を長期にわたって先延ばしすることが可能であり、現在と将来において予想されるリスクフリー利子率が高く、製品BやCが生み出すキャッシュフローの不確実性が高い場合、製品Aに投資することがもたらすリアルオプションは非常に高い価値を持つ。この場合、製品Aそのものへの投資はプラスの正味現在価値を生み出さないとしても、製品BやCに関連する機会を獲得するために、依然として製品Aに投資することが賢明な判断ということになるだろう。

戦略的柔軟性の定量的価値評価

多くの場合、不確実性下における戦略意思決定の指針としては、表6.3にまとめた考え方に基づいて、柔軟性の価値を定性的に評価するだけで十分である。しかし場合によっては、リアルオプションによってもたらされる柔軟性を定量的に評価することが可能であり、そのように評価することが望ましいこともある。

柔軟性の価値を定量的に評価する1つのアプローチは、2段階に分けて戦略に投資する状況に着目するものである。**表6.4**には、そのような投資の仮想事例を提示した。[注12]

この企業は、1年目に工場建設のフェーズ1として135百万ドルを投資する必要がある。このフェーズ1の投資は、表6.4のパネルAで挙げたキャッシュフローと終端価値(terminal value)を生み出す。フェーズ1の投資は、割引率を12%とした場合、一般的な方法で正味現在価値を算出すると11.09百万ドルである。

続いて、この企業は3年目に工場建設のフェーズ2として新たに487百万ドルを投資する。フェーズ2の投資が生み出すキャッシュフローと終端価値は、表6.4のパネルBで示したとおりである。フェーズ2の投資の正味現在価値は、同じく割引率を12%とした場合、－41.72百万ドルである。

フェーズ1とフェーズ2を合わせた正味現在価値は、一般的な方法で算出した場合、表6.4のパネルCで示したとおり、－30.62百万ドルである。

この分析に従えば、この企業は当該工場の建設に投資すべきではないこと

表6.4 | 2段階投資の例

(割引率は12%、リスクフリー利子率は5.5%、単位は百万ドル、（ ）はマイナスを示す)

(A)フェーズ1の投資

年	0	1	2	3	4	5	6
キャッシュフロー	0	10.0	12.0	13.4	14.5	15.1	12.8
終端価値							185.0
投資額	(135)						
割引率	1.0	.893	.797	.712	.636	.567	.507
現在価値	(135)	8.93	9.56	9.54	9.22	8.56	100.28
正味現在価値	11.09						

(B)フェーズ2の投資

年	0	1	2	3	4	5	6
キャッシュフロー	0	0	0	0	26.2	28.3	27.0
終端価値							510.1
投資額				(487)			
割引率	1.0	.893	.797	.712	.636	.567	.507
現在価値	0	0	0	(346.74)	16.66	16.05	272.31
正味現在価値	(41.72)						

(C)フェーズ1とフェーズ2の合計

年	0	1	2	3	4	5	6
キャッシュフロー	0	10.0	12.0	13.4	40.7	43.4	39.8
終端価値							695.1
投資額	(135)			(487)			
割引率	1.0	.893	.797	.712	.636	.567	.507
現在価値	(135)	8.93	9.56	(337.20)	25.89	24.61	372.59
正味現在価値	(30.62)						

になる。以下に行う議論のために、全期間中のリスクフリー利子率は一貫して5.5%であるとしよう。

　しかしこの伝統的評価方法は、フェーズ1とフェーズ2へ投資するかどうかの判断を同時に行うことを暗黙の前提としている。そのため、この段階的投資が内包しているリアルオプションが考慮されていない。だが今回の意思決定には、フェーズ2に投資するか否かという判断を3年間遅らせるという延期オプションが内包されている。したがって、この投資に直面する企業が問うべき価値評価上の問いは、次のようなものになるはずだ。

　「伝統的評価手法によればフェーズ1とフェーズ2への投資は自社になんら価値をもたらさない。一方、このリアルオプションによって生み出される価値は、フェーズ1への投資を正当化するに足るほど大きいだろうか?」。**表6.5**

表6.5 | リアルオプションの価値を評価するための手順 [単位:百万ドル]

ステップ1: リアルオプションの特定 ──────▶	この2段階投資は、フェーズ2に投資するか否かという判断を3年間先送りできる。これは延期オプション、成長オプション、拡張オプションのいずれかを生み出す。
ステップ2: 金融オプションのパラメータを用いて ──▶ リアルオプションを記述	表6.6を見よ。
ステップ3: ベンチマークの設定 ──────▶	フェーズ1とフェーズ2に投資するかどうかの判断を両方同時に行うべきという前提に立って評価されたこの投資の正味現在価値は、−30.62百万ドル。
ステップ4: オプション価値測定基準の算出 ──────▶	$NPV_q = S/PV(X)$ 　　　$= S/|X/(1+r_f)^T|$ 　　　$= 0.735$ $\sigma\sqrt{T} = 0.4\sqrt{3}$ 　　　$= 0.693$
ステップ5: ブラック・ショールズの ──────▶ オプション価格表を用いて オプション価値を推定	$(NPV_q,\ \sigma\sqrt{T}) = (0.735,\ 0.693)$ 　　　　　　　　$= 17.7$ $0.177 \times S = $現在価値 $0.177(\$305.02) = \$53.99$
ステップ6: オプション込みの現在価値と ──────▶ ベンチマーク価値の比較	ベンチマーク価値＝−$30.62 オプション込みの現在価値＝フェーズ1の 正味現在価値＋フェーズ2のオプション価値 　　　$= \$11.09 + \$53.99$ 　　　$= \$65.08$

$65.08＞−$30.62なので、この企業はフェーズ1に投資し、フェーズ2に投資するオプションを設定しておくべきである。

出典:Luehrman, T. (1998). "Investment Opportunities as Real Options: Getting Started on the Numbers," *Harvard Business Review* 76, no. 4: 51–67; およびLuehrman, T. (1998). "Strategy as a Portfolio of Real Options," *Harvard Business Review* 76, no. 5: 89–98を参考に作成。

で示したとおり、上記の工場への投資は、次の6つのステップに従うことによって価値評価できる。

ステップ1：リアルオプションを特定し、認識する

　第1のステップは、1つの投資案件に内在するいかなるリアルオプションも、すべて認識することである。上記2段階投資の事例は、明らかに本章で言う

ところの柔軟性を強める戦略を生み出している。その企業は、当該工場に対して一度にすべての投資を行って完成させてしまう場合と比べ、時間の経過とともに2段階に分けて投資を行うことにより、延期オプション、成長オプション、拡張オプション——これらはすべてその後市場にどのような進展が見られるかに依存している——を生み出した。すなわち、この2段階投資は、リアルオプションを内包しているのである。

ステップ2：金融オプションの変数を用いてリアルオプションを記述する

　第2のステップは、金融オプションの価値を決定する5つの変数：S、X、T、σ^2、r_fによってその投資を表現してみることである。これは、オプション価値を決定する金融オプションの5つの変数と、当該リアルオプションの属性の間に対応関係を見出すことによって可能となる。オプション価値評価モデルであるブラック・ショールズ方程式の5つの変数、リアルオプション投資の一般的属性、今回の工場への2段階投資の事例、これらの間の対応関係を表6.6に示したので参照いただきたい。

　まず最初に、リアルオプションの行使価格について考える。金融オプションの行使価格Xは、企業がリアルオプションを行使し、現実に実物資産への投資を行う際の必要金額と対応している。工場投資の事例で言えば、企業が3年たってフェーズ2に移行すると決定した際に、情報システムやその他固定資産強化のために投資する487百万ドルがXに当たる。

　金融オプションにおける原資産の価格Sは、企業がリアルオプションを行使して、建造もしくは取得する資産がもたらすキャッシュフローの現在価値に相当する。工場の事例におけるSは、フェーズ2での追加投資が4年目以降に生み出すキャッシュフローの現時点(t_0)における現在価値である。表6.4のパネルBにあるように、この場合のSは305.02百万ドル（16.66百万＋16.05百万＋272.31百万＝305.02百万）となる。

　金融オプションにおける満期までの期間Tは、企業がリアルオプションの行使をするかしないかの決断を遅らせられる期間に相当する。工場の事例で言えば、Tは3年間である。金銭の持つ時間的価値は、金融オプションでもリアルオプションでも同様で、リスクフリー利子率r_fであり、事例では5.5％である。

　最後に、原資産価格の分散σ^2は、行使されたリアルオプションが実際にも

表6.6 | 金融オプションの価値を決定する各パラメータに相当するリアルオプションの属性、および表6.4に挙げた例におけるそれぞれのパラメータ値

金融オプションのパラメータ	相当するリアルオプションの属性	相当するリアルオプションの属性の表6.4の事例における価値
行使価格：X	リアルオプションを行使した際に企業が投資しなければならない額	X＝487百万ドル(つまり、表6.4におけるフェーズ2として3年目に行った投資の額)
原資産の価格：S	リアルオプションの行使により開発・獲得される資産が生み出すキャッシュフローの現在価値	S＝305.02百万ドル(つまり、フェーズ2が生み出す4、5、6年目のキャッシュフローの現在価値、およびこの投資のターミナルバリューの現在価値の総合計)
満期までの期間：T	投資意思決定をどれだけ先送りできるか	T＝3年
リスクフリー利子率：r_f	リスクフリー利子率	r_f＝5.5%
原資産価格の分散：σ^2	先送りした投資が生み出すキャッシュフローの不確実性	σ^2＝0.16

たらすキャッシュフローの持つ不確実性に相当する。もちろん、リアルオプションが生成される当初の時点では、そのオプションを行使することによって得られるキャッシュフローが、どれほどの不確実性を伴うかはほとんどわからない。そもそも、不確実性が減少しないうちから特定の企業行動に過剰に関与する事態を回避する、というのがリアルオプション型投資を行う基本的考え方なのである。かくして、リアルオプションの価値評価におけるσ^2の推定は、困難である可能性が高い。

　この問題を解消する1つの方法は、このリアルオプションについて、σ^2以外のブラック・ショールズ・パラメータをすべて試算してみることである。そうすれば、さまざまなσ^2に基づくリアルオプションの価値を算出できる。企業のマネジャーがこのリアルオプションに投資すべきかどうかを判断するためには、キャッシュフローの不確実性(σ^2)とリアルオプション価値の関係を観察すればよい。

　たとえば、あるリアルオプションが著しく大きなプラスの価値をもたらす唯一の条件が、そのオプションが生み出すキャッシュフローの不確実性が非常に高い場合(たとえば、σ^2＝0.5)だったとしよう。リスク回避傾向のあるマネジャーであれば、このリアルオプションを生み出すための投資はする価値がない、と決断するだろう。一方、このリアルオプションが、それに付随す

る不確実性が非常に小さい場合(たとえば、$\sigma^2 = 0.02$)にプラスの価値を生じるとしよう。この場合は、たとえリスク回避傾向のあるマネジャーであっても、この投資を行ってリアルオプションを生み出そうとするだろう。ちなみに工場の事例では、σ^2は0.16である。^(注13)

ステップ3：ベンチマークの設定

ある投資をリアルオプションとして価値評価することが、企業にとって新たな価値をもたらすかどうかを判断するため、比較対象としてのベンチマークを設定する必要がある。このベンチマークとは、当該投資が包含するかもしれないリアルオプションを何も想定せずに計算した、その投資の現在価値である。表6.4のパネルCに示されているように、ベンチマークの値は－30.62百万ドルである。

ステップ4：オプション価値測定基準の計算

何人かの研究者により、ブラック・ショールズ方程式のパラメータを、**オプション価値測定基準**(option value metrics)という2つの変数に集約できることが示された。この測定基準は、5つのパラメータに関する情報を含んでいながら、それを2種類の数値に還元することに成功している。^(注14)これにより、金融オプションの価値評価は著しく簡素化された。

同様の測定基準を、リアルオプションに関しても算出することができる。第1の変数はNPV_qと呼ばれるもので、単に「リアルオプションが行使された場合に建造されたり獲得される資産が生み出すキャッシュフローのt_0における現在価値」と「リアルオプションが行使される場合に必要となる投資金額のt_0における現在価値」との比率である。表6.5から、その比率は単純に次のように計算される。

$$NPV_q = S/PV(X)$$
$$= S/X(1 + r_f)^T \qquad (1)$$

工場の事例で言えば、S = 305.02百万ドル、X = 487百万ドルである。5.5%のリスクフリー利子率を適用すると、NPV_qは、

$$NPV_q = 305.02 百万 /487 百万 (1 + 0.055)^3$$
$$= 0.735 \quad (2)$$

第2の変数は、**累積ボラティリティ**(cumulative volatility)と言われるもので、次の式で計算される。

$$累積ボラティリティ = \sigma\sqrt{T} \quad (3)$$

さて、ここまでの議論では、リアルオプションの行使が生み出すキャッシュフローが包含する不確実性を、それらのキャッシュフローの分散(σ^2)として記述してきた。しかし、累積ボラティリティの計算に際しては、それらのキャッシュフローの標準偏差(σ)を用いる。もちろん、標準偏差は単純に分散の平方根である。工場の事例では$\sigma^2 = 0.16$、$\sigma = 0.4$、$T = 3$であるから、

$$累積ボラティリティ = 0.4\sqrt{3}$$
$$= 0.693 \quad (4)$$

となる。

ステップ5：ブラック・ショールズのオプション価格算定表による推定

オプション価値を推定する際に用いる変数群を2つの変数に集約することの利点は、事前に計算されたオプション価格算定表を用いることができる点だ。この算定表は、当該プロジェクトの価値に対するパーセンテージとして特定のコールオプション(買う権利である金融オプション)の価値を決定できるよう、事前に計算された結果がリストアップされている(巻末の補足資料)。すなわち、集約された2変数によってあるコールオプションが定義され、算定表から得られるこのコールオプションの価格が、リアルオプションで言うところの当該プロジェクト(もしくは資産)の価値に相当するのである。[注15]

事例では、$NPV_q = 0.735$、$\sigma\sqrt{T} = 0.693$であるから、この投資におけるリアルオプションの価値は巻末の補足資料より、当該プロジェクト(もしくは資産)の価値Sのおおよそ17.7%であることがわかる。ここで事例におけるSは305.02百万ドルであるから、このオプションの価値は53.99百万ドルとなる。

ステップ6：包括的現在価値とベンチマーク価値の比較

　ベンチマークとなる従来のDCF法に基づく現在価値は－30.62百万ドルである。一方、この投資に内包されたオプション価値を考慮した包括的価値は、フェーズ1の投資の現在価値とフェーズ2の投資のオプション価値の合計、すなわち、

$$包括的現在価値 = 11.09百万ドル + 53.99百万ドル$$
$$= 65.08百万ドル$$

となる。

　この包括的現在価値は、従来の算定法に基づくベンチマーク価値の－30.62百万ドルをはるかに上回っている。ここから明らかなように、「まずフェーズ1の投資を行い、次に、フェーズ2の投資に踏み切るかどうかの意思決定を3年間遅らせる」ということから生み出されるリアルオプションには、相当な経済的価値がある。従来の評価手法によれば、企業はこの投資をそもそも行うべきでない、という結論が導き出される。しかしリアルオプションの論理に従えば、この投資案件は実行すべきだ、ということになる。

　リアルオプション型の思考に従って、戦略的柔軟性の価値を定性的にせよ定量的にせよ評価することが、企業の成功にとって非常に重要だということを示す研究が蓄積されている。これらの研究については、コラム「関連する学術研究」にまとめてある。

リアルオプション型思考の意義

　リタ・マクグラス（Rita McGrath）とイアン・マクミラン（Ian MacMillan）は、「不確実性下にあるマネジャーは、分散した幅広い種類のプロジェクトに投資すべきである」という、本章で紹介したリアルオプションの考え方と多くの部分で共通する議論を展開している。彼らの言う投資対象プロジェクトの類型は、**図6.1**のように配置される。

　この図における**技術的不確実性（technical uncertainty）**とは、新たな製品やサービスの開発に取り組む前に、マネジャーが開発プロセスを理解している度合いをあらわしている。

　技術的不確実性が低い状況とは、マネジャーが新たな製品やサービスを開発するうえで、必要とされるスキルなどの経営資源は何か、それらを獲得するコストはいくらか、そしてそれらを効果的に管理する方法などを理解している場合である。マネジャーが新たな製品やサービスについてこれらの事柄を理解していない場合は、技術的不確実性が高い。

　図6.1における**市場の不確実性（market uncertainty）**とは、マネジャーが新たな製品やサービスに対して予想される市場の反応をどれほど理解してい

図6.1 ｜ 企業が持つ事業機会のカテゴリー

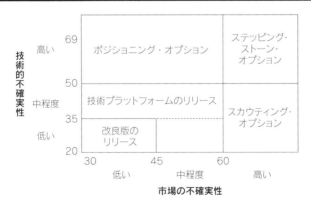

出典：McGrath, R. G., and I. MacMillan (2000). *The Entrepreneurial Mindset*. Boston: Harvard Business School Press.

るかである。

　市場の不確実性が低い状況とは、製品やサービスがどのような価格なら売れそうか、新たな製品やサービスで参入しようとしている市場の規模、新たな製品やサービスの導入に対するライバル企業の反応などをマネジャーが把握している場合である。マネジャーが新たな製品やサービスについてこれらの事柄を把握していない場合は、市場の不確実性が高い。

　新たな製品やサービスに対して、市場の不確実性や技術的不確実性が低い状況において投資する場合、その投資が持つリアルオプション価値は低い。図で示したとおり、このような新製品や新サービスは、おそらく既存の製品やサービスに少しばかりの改良を加えたものにすぎない可能性が高い。このような投資は、現在価値の一般的評価基準によれば明らかに価値あるものと示されるかもしれないが、企業にとってオプションを生み出すという面での価値は低い。

　市場の不確実性や技術的不確実性が中程度に存在する状況では、新たな製品やサービスの導入によって生み出されるリアルオプションの価値は、相対的に高まる。このような状況における新製品や新サービスの開発は、新たな技術プラットフォームのかたちをとる可能性がある。こうした技術プラットフォームは、その企業が過去に提供してきた製品やサービスに関連するため、技術プラットフォームの構築に対する投資は、単に既存の製品やサービスに改良を加える場合よりも不確実性が高い。さらに、技術プラットフォームに投資することにより、企業はさらなる新製品や新サービス導入の機会を得る可能性があるが、そうした製品やサービスを必ず導入する必要があるわけではない。

　最後に、市場の不確実性と技術的不確実性がいずれも高い場合、新たな製品やサービスに対する企業の投資は、一般的にかなり大きなリアルオプション価値を持つ。マクグラスとマクミランは、この状況におけるリアルオプションを３つに分類した。（1）技術的不確実性が高く、市場の不確実性が低い場合に存在する**ポジショニング・オプション**（positioning option）、（2）市場の不確実性が高く、技術的不確実性が低い場合に存在する**スカウティング・オプション**（scouting option）、（3）いずれの不確実性も高い場合に存在する**ステッピング・ストーン・オプション**（stepping stone option）である。これらのオプションの定義については、**表6.7**にまとめた。

　ポジショニング・オプションは、業界内でどのような技術規格が成立するのかを様子見する機会を企業に与えてくれる。企業がこのようなオプションを設定する際には、企業は戦略的提携や、互いに競合するいくつかの技術に

ポジショニング・オプション	技術的不確実性が高い場合。複数の候補技術それぞれに少額の投資を行い、技術的不確実性が解消された時点で特定の技術に満額投資する。
スカウティング・オプション	市場の不確実性が高い場合。いくつかの新製品や新サービスを市場に導入し、顧客の反応を見る。顧客の好みが明確になった時点で、特定の製品やサービスに満額投資する。
ステッピング・ストーン・オプション	技術的不確実性も市場の不確実性も高い場合。特定の設計や製品特性に早い段階からコミットするのを避ける。なるべく早い段階で失敗をたくさん経験し、損失を最小限に抑える。そこで迅速に学び、その教訓を製品やサービスに反映して繰り返し挑戦する。

出典：McGrath, R. G., and I. MacMillan (2000). *The Entrepreneurial Mindset*. Boston: Harvard Business School Press.

対して少額投資を行うなど、限定的投資を行う。

　ポジショニング・オプションを設定した企業は、技術的不確実性が存在するなかで確実に生き残れるというメリットを得るが、一方で特定の技術に賭け、それが成功した企業に対しては、少なくとも一時的な競争劣位に置かれる可能性がある。このような競合は、市場で勝ち組の技術に関してより多くの経験を積むため、その経験を生かし、市場においてコストや製品差別化上の優位を得る可能性がある。その意味で、表6.1に挙げたリアルオプションと、その他の事業戦略との間に存在するトレードオフの関係は、表6.7に挙げたリアルオプションについても存在する。

　スカウティング・オプションは、マクグラスとマクミランの言葉を借りれば、「起業家的実験」を行うためのオプションととらえることができる。スカウティング・オプションを設定した企業は、新たな市場での活動や新たなケイパビリティの活用を試すことができ、そうした市場の規模やケイパビリティの価値を見極める機会を得る。

　しかし、他のリアルオプションと同様、スカウティング・オプションへの投資も少額にとどめる必要がある。スカウティング・オプションへの投資が、直接的にプラスの正味現在価値を生むことはあまり期待できない。したがって、このようなオプションに関しては、設定するコストを低く抑える必要があり、投資額を少額にとどめる必要がある。

　特定のスカウティング・オプションが直接的に経済的利益をもたらす可能性は低いとしても、複数のスカウティング・オプションに投資することによ

り、少なくとも一部のオプションが実質的な利益機会を生み出す可能性は高くなる。また、特定のスカウティング・オプションが直接的には利益機会を生み出さないとしても、他のスカウティング・オプションへと企業を導き、そうしたオプションが結果的に利益につながるという具合に、間接的に利益機会を生む可能性がある。

上の段落で最後に挙げた可能性（あるスカウティング・オプションが、優れたパフォーマンスをもたらす他のスカウティング・オプションへと企業を導くというパターン）は、表6.7に挙げた最後のオプション形態を示唆する。すなわち、ステッピング・ストーン・オプションである。ステッピング・ストーン・オプションは、ブラック・ショールズの評価モデルについて議論した際に挙げた、連続的投資そのものである。

企業は、ステッピング・ストーン・オプションから期待どおりの価値を生み出したい場合、厳格な規律をもって意思決定のマイルストーンを設定する必要がある。マイルストーンの例としては、新たな工場の建設に投資するか否かをいつまでに決定しなければならないか、あるいはある新製品について、どのような条件がそろった場合に投資するか、などである。

このような明確なマイルストーンを設定し、それを実行するだけの規律がなければ、リアルオプション・ロジックに基づいて確立した「飛び石」の経路が果てしなく長くなってしまう可能性がある。企業は時として、数多くのオプションを設定することに集中するあまり、実際のオプション行使を怠る場合がある。このような企業は、どこかで何かしらの行動をとる可能性を持ちながらも、結局いつまでも行動を起こさない。

反対に、マイルストーンとそれを実行するだけの規律を持たない企業は、オプションの行使を早まってしまう可能性がある。つまり、柔軟性の確保に投資したそもそもの原因である不確実性が解消されないうちにオプションを行使してしまう。こうした時期尚早なオプション行使も、オプションの価値を消滅させる原因である。

企業は、特定のリアルオプションの行使または放棄に関わる明確な意思決定のマイルストーンを設定し、そうしたマイルストーンを活用するための規律を身につけない限り、リアルオプション型思考の本来的価値を実現できない。

新たな投資機会について正味現在価値のみに頼って意思決定を行う企業は、ほとんどの場合、「改良版のリリース」という次元を超えた新製品や新サービスへの投資は行わない。つまり、現状のポートフォリオの延長線上にある比較的シンプルな投資しか行わない。このような投資は、株主価値は生むかもしれないが、新たな技術、経営資源、ケイパビリティの開発にはつながらな

いだろう。つまり企業は、「改良版のリリース」によっては事業を変革させることができないのだ。

　一方企業は、ポジショニング・オプション、スカウティング・オプション、ステッピング・ストーン・オプションなどをたばねたオプションのポートフォリオに投資した場合、そのうちいくつかの投資が大きなリターンをもたらす可能性がある。こうした投資は、企業の株主にとって直接的利益を生み出すだけでなく、それまで予測していなかった、まったく新しい機会の発掘につながる可能性がある。[注16]

──戦略的柔軟性と持続的競争優位

到達目標 6.3
柔軟性やリアルオプションが、どのような状況において
持続的競争優位の源泉になるかを述べられるようになる。

　高い不確実性の下では、戦略的柔軟性はリアルオプションをもたらすため、経済的価値を生むことが多い。しかし、第3章（上巻）で紹介したロジックに従えば、競合関係にあるいくつかの企業が不確実性に対処するための戦略選択を検討しており、いずれの企業もそうした選択がもたらす柔軟性やオプション価値を同程度に評価している場合、それらの分析に基づいてとった行動は競争均衡しかもたらさない。したがって、このような行動は、経済的価値は有するが、希少性や模倣困難性はない。それでは、柔軟性が実際に持続的競争優位をもたらすのは、どのような状況だろうか。

●希少かつ模倣困難な柔軟性

　第3章では、歴史的条件と経路依存性が、持続的競争優位の重要な源泉となり得ると述べた。柔軟性とリアルオプションは、この2つの概念と密接な関係を持つ。たとえば、ある企業のリアルオプションが、特異な空間的・時間的条件によって手に入れた実物資産や、長期にわたって社内で築き上げてきた実物資産に基づく場合が考えられる。このような資産がもたらしたオプ

ションは、希少かつ模倣困難だと考えられる。したがって、このようなオプションを持つ企業は、持続的競争優位を確保できる可能性がある。たとえば次の例によって、リアルオプションや柔軟性と、歴史的条件や経路依存性との相互関係を考えてみてほしい。[注17]

　あるバイオテクノロジー企業が、どのような製造戦略をとるべきかを検討しているとする。この企業が現在開発中の製品を最終的に市場に出すためには、2つの製造上の課題をクリアする必要がある。

　第1の課題は、製品認証を受けるために政府に提出する試作品の製造である。試作品が認証を受けられた場合、第2の課題として、市販品を製造する必要がある。しかし、この製品の製造プロセスは非常に複雑だとする。したがって、この企業が市販品を製造するのに必要なノウハウを確保するためには、政府が求める数量の試作品を製造するなかで、製造スキルを身につけることが不可欠である。

　最後に、この製品の最終的な市場での価値はきわめて不確実だとする。この場合、企業は自らの製造戦略についてどのように考えていくべきか。

　これまでに記述したとおり、最初のステップ(表6.5参照)は、この状況においてどのようなリアルオプションが存在するかを特定することである。このような不確実な状況では、市販品用の製造工場を建てるかどうかの判断を先送りするオプションが価値を持つ。**図6.2**には、このオプションを図式化した。

　一見シンプルなディシジョン・ツリーだが、すべての枝が必ずしも同じような確率で起こるとは限らない点に注目してほしい。

図6.2 │ 市販品用の工場を建てる意思決定に関する延期オプション

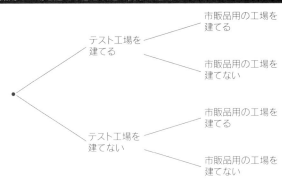

それどころか、この例においては、試作品の認証ステージで製造ノウハウを身につけることが市販品の製造に向けて重要な意味を持つので、試作品用の工場を建てなければ、そもそも市販品用の工場を建てるというオプションが存在しない。言い換えれば、テスト工場を建てないという判断は、市販品用の工場を建てないという判断に等しい。したがってこの場合企業は、この不確実な市場において柔軟性を維持するためには、テスト工場を必ず建てなければならないという状況に置かれる。

　図6.2の例は、リアルオプションの創出や行使が、場合によっては高度な経路依存性を持つことを示している。この場合、企業は特定の経路(テスト工場の後に市販品工場を建てる)に沿った意思決定を行わないと、長期に柔軟性を維持できない。この決まった経路から大きく外れた意思決定を行った企業にとって、途中で引き返すことは大きなコスト増大につながる。したがって、テスト工場を建てないという判断を行った企業が、後になって市販品用の工場を建てると決めた場合、最初からテスト工場を建てた企業に対してかなり大きなコスト劣位に置かれる。

　以上を考慮すれば、企業が持つあるリアルオプションに経路依存性があり、リアルオプション分析を行う能力を備えている競合が限られている場合、柔軟性の維持は、企業にとって持続的競争優位の源泉となり得る。反対に、リアルオプションに経路依存性がない場合、あるいは多くの競合がリアルオプション分析を行う能力を備えている場合、企業はリアルオプション分析を行ったとしても、それが持続的競争優位につながる可能性は低い。

●──柔軟性戦略の実行に向けた組織体制の構築

到達目標 6.4
柔軟性戦略やリアルオプション戦略の実行に関わる、
組織上の課題について述べられるようになる。

　不確実性の下で柔軟性戦略を追求する企業は、組織体制も柔軟にするのが望ましい。U型組織やそれに関連した経営管理システムや報酬政策にも、一定の柔軟性はある。しかし、戦略分析に対してリアルオプション型アプロー

チをとる企業は、そうした戦略の潜在力をフルに発揮させるために、さらに柔軟な要素を組織体制に組み込まなければならない。したがって、柔軟性戦略は、他の事業戦略を追求している企業と同じツール(経営管理システムや報酬政策など)を用いて実行されるが、より柔軟な組織メカニズムを取り入れることによって、そうしたツールは増強され、さらに効果を発揮する。

第8章(下巻)で詳しく述べるとおり、取引関係を築くために垂直統合を行うことは、一般に契約関係を結んだり、戦略的提携を行ったりすることに比べて変更コストが高く、柔軟性が低い。特にその取引関係が不確実なものである場合、契約や提携によって取引関係を結んだ企業は、その取引関係に価値がないと判明した際、通常はそれらを低コストで破棄できる。

しかし、不確実な取引関係を垂直統合によって社内に取り込んだ(内部化した)場合、その関係を解消するコストがかなり高くなる可能性がある。したがって、他の条件が同じであれば、柔軟性が求められる不確実な取引関係は、垂直統合よりも、さまざまなかたちの戦略的提携を通して確保する場合が多い。この問題については、第8章、第11章(下巻)でより詳しく述べる。

不確実性の下では、組織構造、経営管理システム、報酬政策の面においても、柔軟性が高いほうが望ましい。したがって柔軟性の必要性から見て、官僚主義的なルール体系、変更余地のない会計予算、活動範囲が厳格に定められた委員会や作業部会などは不適切だろう。

不確実性が高い状況においては、第5章で紹介した製品差別化戦略の実行に用いられる経営管理システムなどがより適切である。たとえば、その範囲内では広範な裁量権を社内で認めるような、意思決定ガイドラインなどである。従業員は、このガイドラインの範囲内では自由に意思決定を行えるが、その範囲を一歩出ると、意思決定は極度に限定される。

以上のような柔軟性を高めた組織は、戦略的柔軟性の価値を顕在化させるうえでは役に立つ一方、従業員に対して重大な結果をもたらす可能性もある。コラム「企業倫理と戦略」では、この影響について検討した。

従業員を柔軟な資産として扱うことの影響

　ヒューレット・パッカード（Hewlett-Packard、HP）、マイクロソフト、プロクター・アンド・ギャンブル（Proctor and Gamble、P＆G）、キャタピラー（Caterpillar）、アメリカン・エキスプレス（American Express）、シスコ（Cisco）、ウォルマート、インテル（Intel）、バンク・オブ・アメリカ（Bank of America）。これらの企業に共通する点は何だろうか。もちろん、いずれも米国国内で最も有名で、憧れられている企業である。

　一方でこれらの企業には、2015年から2016年にかけて何千人規模の人員削減を行ってきたという共通点もある。コンピュータやプリンター製造の業界リーダーであるHPは、2015年に3万人の従業員を削減した。マイクロソフトは、2015年に7860人、2016年に4700人の従業員を削減した。一般消費財最大手のP＆Gは、2015年に6000人を削減した。建設機具メーカーのキャタピラーは、2015年に5000人を削減した。また、アメリカン・エキスプレスは2015年に4000人、シスコは2016年に1万4000人、ウォルマートは2016年に1万7500人、インテルは2016年に1万2000人、バンク・オブ・アメリカは2016年に8000人をそれぞれ削減した。

　こうした業績の優れた大企業は、かつては従業員に安定雇用を提供していた。しかし、現在は状況が変わっている。大企業も小規模企業も頻繁に人員削減を行うようになっている。実際のところ、いまでは人員削減があまりにも一般的になったため、ネット上には解雇通知のサンプルすら出回っている。また、企業から従業員の解雇を請け負う業界も形成されている。

　近年においては、何とか従業員を解雇せずにすむ方法を模索するのではなく、すべての従業員を契約社員や派遣社員のように扱う企業が増えてきている。これは、企業にとっては柔軟性を高める選択であり、本章で述べてきたとおり、不確実性の下では柔軟性が重要であることを考慮すれば、理にかなった行動とも言える。

　一方、従業員が支払う代償はあまりに大きい。解雇されることが、さまざまな精神的・身体的悪影響をもたらすことは調査を通じて明らかになっている。たとえば精神的な面では、不安、苛立ち、怒り、恐怖心、不信感、身体的な面では、疲労感、頭痛、体重増加または減少、睡眠障害、吐き気などにつながる。

> 　以上を考慮すれば、柔軟性を確保することが、特に従業員の側からとらえればまったくコストを伴わない戦略とはおよそ言えないことがわかる。[注18]

本章の要約 Summary

　企業が戦略の選択・実行に関していくつかの選択肢を持っている場合、それを戦略的柔軟性と言う。こうした選択肢群は、リアルオプションとも呼ばれる。企業が設定できるリアルオプションには、投資判断を先送りするオプション、将来的に事業を拡張するオプション、将来的に事業を縮小するオプションなど、さまざまな種類がある。

　柔軟性やリアルオプションの設定は、リスクで記述できる世界ではそこまで重要ではないが、不確実性が支配する状況ではきわめて重要である。不確実性とは、ある決定を行う時点で、その決定がもたらす結果や、とり得る複数の結果の生起確率が把握できない状況である。リアルオプション価値を推定するアプローチとしては、定性的なものと定量的なものがある。いずれのアプローチも、オプション評価に関するブラック・ショールズ・モデルをベースとするアプローチである。

　企業が革新的投資のポートフォリオを管理する際には、オプションの価値を評価・計算することよりも、オプション型の戦略思考を用いることがより重要な意味を持つ。技術の不確実性あるいは市場の不確実性の度合いによっては、ポジショニング・オプション、スカウティング・オプション、ステッピング・ストーン・オプションなどが、企業に重要な戦略的柔軟性をもたらし得る。

　なかには経路依存的プロセスを通して生み出されるオプションもあるので（特に、ステッピング・ストーン・オプションなどのように、特定の順序に従って発展するオプション）、オプションのロジックを用いていない企業は、そのロジックを用いている企業の模倣に苦戦する可能性がある。その意味で、戦略的柔軟性やリアルオプションは、企業にとって持続的競争優位の源泉となり得る。

　最後に、戦略的柔軟性の追求に適した組織体制を築くうえでは、組織構造、経営管理システム、報酬政策の柔軟性を高める必要がある。しかしこの種の

経営方針は、特に従業員など、企業の成功にとって欠かせない経営資源に大きな負担をかける可能性もある。

チャレンジ問題 Challenge Questions

6.1　最近のビジネス文献を用いて、戦略的意思決定にリアルオプションを内包する企業の実例を探し出し、その企業について論ぜよ。また、その企業が持っている柔軟性の種類を少なくとも2つ特定せよ。回答にあたっては常に根拠を示せ。

6.2　ある企業は製造機能を外部調達しているが、市場環境の悪化により、状況が改善するまでしばらく事業を停止することを検討している。この戦略が、調達先の企業に対して与え得る影響について論ぜよ。

6.3　ビジネスの世界では、独創的な戦略思考が常に有利になるとは限らない。企業によってはライバル企業をベンチマーキングし、相手の計画を観察して模倣したり、事業運営の方法をまねたりして競争優位を狙う場合がある。独創的アプローチが必ずしも成功しないのはなぜか。実例を交えて論ぜよ。

6.4　企業が身を置く外部環境においては、市場条件の不確実性は当たり前のように存在し、マネジャーによる将来予測を難しくする。柔軟性を追求する企業は、このような困難な市場条件の下で戦略を実行しなければならないことから、いくつかの課題に直面することが予想される。どのような課題に直面し得るのか、実例を交えて論ぜよ。

演習問題 Problem Set

6.5　ある企業が、自社の市販薬を世界中の薬局に流通させるべく、新たな物流ネットワークへの投資を検討している。また、この企業の投資額や、物流ネットワークの構築によって生み出されるキャッシュフローは、次ページの表のパネルAのとおりである。さらにこの物流ネットワークは、追加的投資を行えば処方薬の流通にも用いることができ、この2つ目の投資にまつわる投資額やキャッシュフローは、表のパネルBのとおりである。なお、いずれの投資も割引率は13%であると仮定する。

まず、市販薬の物流ネットワークへの投資には、どのようなリアルオプションが存

在するか。投資額やキャッシュフローを考慮すると、これらのオプションの行使価格、原資産の価格、満期までの期間は何か。また、リスクフリー利子率は5.5%、処方薬の物流ネットワークに投資した際のキャッシュフローの不確実性は0.25であるとする。処方薬の物流ネットワークを構築する可能性を考慮しなかった場合、市販薬の物流ネットワークを新たに構築することの価値はいくらか。処方薬の物流ネットワークを構築するというリアルオプションの価値は何か。これらの価値評価を考慮すると、この企業は市販薬の物流ネットワークに投資するべきか。

（A）市販薬の物流ネットワークに投資する際のキャッシュフロー

年	0	1	2	3	4	5	6	7	8
キャッシュフロー	0	7.0	8.5	11.2	11.3	12.0	12.3	12.4	13.0
終端価値									87.8
投資額	（72.0）								

（B）処方薬の物流ネットワークに投資する際のキャッシュフロー

年	0	1	2	3	4	5	6	7	8
キャッシュフロー	0	0	0	0	0	32.4	48.2	65.7	68.4
終端価値									428.3
投資額					（275）				

6.6 柔軟性が持続的競争優位をもたらすための条件は何か。

6.7 組織メカニズムは、いかにしてリアルオプション戦略の実行を支え得るか。

1 Netflix.wikipedia (accessed January 28, 2017); forbes.com/companies/Netflix (accessed, January 29, 2017).

2 Sanchez, R. R. (1997). "Strategic Flexibility, Firm Organization, and Managerial work in Dynamic Markets: A Strategic Options Perspective," in *Advances in Strategic Management*, Vol. 8.

3 Adage.com/article/cmo-strategy/flo-s-progressive-evolution/295734 (accessed April 5, 2017).

4 このような戦略は、変則統合（tapered integration）と呼ばれることがある。Kessler, F., and R. Stern (1959). "Competition, Contract, and Vertical Integration," *Yale Law Journal*, 69(1)を参照。

5 Brealy, R., and S. Myers (1988). *Principles of Corporate Finance*. 3rd edition. NY: McGraw Hill （第6版の邦訳『コーポレートファイナンス』（上・下巻）藤井眞理子・国枝繁樹訳、日経BP社、2002年）を参照。

6 Bowman, E., and D. Hurry (1993). "Strategy Through an Options Lens," *Academy of Management Review*, 18(4): 760–782; Kogut, B. (1991). "Joint Ventures and the Option to Expand and Acquire," *Management Science* 37: 19–33を参照。

7 リスクと不確実性の峻別は、Knight, F. (1921). *Risk, Uncertainty, and Profit*. London: London School of Economics（邦訳『リスク、不確実性、利潤』桂木隆夫ほか訳、筑摩書房、2021年）にて初めて行われた。

8 Gilboa, I., and D. Schmeidler (1989). "Maxmin Expected Utility with Non-Unique Priors," *Journal of Mathematical Economics*, 18(2): 141–153を参照。

9 Copeland, T., and J. Weston (1983). *Financial theory and Corporate Policy*. Reading, MA: Addison-Wesley pages 255–256を参照。

10 Black, F., and M. Scholes (1973). "The Pricing of Options and Corporate Liabilities," *Journal of Political Economy*, 81: 637–658を参照。

11 満期日前に行使可能なオプションはアメリカンオプションと呼ばれる。満期時のみに行使可能なオプションはヨーロピアンオプションと呼ばれる。リアルオプションは一般的にアメリカンオプションである。

12 このアプローチを最初に提唱したのは、Luehrman, T. (1998). "Investment Opportunities as Real Options: Getting Started with the Numbers," *Harvard Business Review*, 26: July/August, 51–67である。

13 たとえば、リアルオプション(X)を行使する費用の現在価値が275百万ドルだったとしよう。また、リアルオプション(S)を行使することによってもたらされるキャッシュフローの現在価値は300百万ドルであり、このオプションまでの時間は4年である。ただし、このオプションからもたらされるキャッシュフローの不確実性については不明である。また、このオプションは2段階の投資の一部であり、フェーズ1の投資の現在価値自体は－52百万ドルであり、フェーズ2に組み込まれた

リアルオプションの価値を考慮しない2つのフェーズ全体での投資の現在価値は−20百万ドルだったとしよう。ステップ4の等式（1）と（3）から、このオプション価値測定基準は、

$$S/PV(X) = 300/275 = 1.09; 2\sigma$$

となる。キャッシュフローの分散 σ^2 は 0.02（不確実性が非常に小さい場合）から 0.20（不確実性が普通の場合）または 0.5（不確実性が非常に高い場合）まで変化し得るので、これらをオプション価値測定基準の等式に代入すると、（1.09; 0.283）から、（1.09; 0.894）または（1.09; 1.414）となる。ブラック・ショールズのオプション価格算定表に当てはめると、概算でそれぞれ、0.1556; 0.3726; 0.535 となる。なお（1.09; 1.414）については、巻末の補足資料よりも大きい数値を掲載したブラック・ショールズのオプション価格算定表を用いて値を取得している。このリアルオプションの価値は、こうした不確実性の度合いによって、それぞれ、46.68百万ドル; 111.78百万ドル; 160.5百万ドルとなる。このように、フェーズ1の現在価値と、この投資によるフェーズ2でのリアルオプションの価値は、

  不確実性が小さい場合　　（−52 + 46.68）＝−5.32
  不確実性が普通の場合　　（−52 + 111.78）＝＋59.78
  不確実性が高い場合　　　（−52 + 160.5）＝＋108.5

となる。この投資によるキャッシュフローの不確実性の度合いが普通または高い場合にのみ、フェーズ1の投資によってフェーズ2の投資をプラスの価値にするリアルオプションが生み出される。もしこの投資案件を検討しているマネジャーがリスク回避的ならば、フェーズ2の投資オプションをつくるためにフェーズ1へ投資するべきではない。なぜなら、このマネジャーのリスク選好傾向と異なるような不確実性の高い場合のみ、フェーズ2の投資を行うオプションの価値があるからである。

14　オプションの測定値については、Brealy, R., and S. Myers (1988). *Principles of Corporate Finance*, 3rd Ed. NY: McGraw Hill（第6版の邦訳『コーポレートファイナンス』（上・下巻）藤井眞理子・国枝繁樹訳、日経BP社、2002年）にて導かれている。

15　ファイナンスの世界でもオプションを計算するのに、この方法が利用されている。

16　McGrath, R., and I. MacMillan (2000). *The Entrepreneurial Mindset*. Boston: Harvard Business School Press を参照。

17　この例に使われているディシジョン・ツリーは、一部の文献において提唱されている、リアルオプションの評価に対する代替的アプローチからきている。このアプローチは、二項分布式のアプローチと呼ばれ、以下の文献にて解説されている。Copeland, T., and P. Tufona, "A Real World Way to Manage Real Options," *Harvard Business Review*, 82(3): 90–99.

18　fortune.com/2015/10/02/biggest-layoffs-2015; 27wallst.com/special-report/2016/08/19/12-company-laying-of-the–most-workers/5/; www.theatlantice.com/science-agrees-being-laid-off-is-terrible/389447; cardinalatwork.stanford.edu/faculty-staff-help-center/work-related/coping-emotional-impact-layoff を参照。

第7章

共謀
Collusion

LEARNING OBJECTIVES

到達目標

本章では、以下を習得する。

7.1 明示的共謀（＝談合）と暗黙的共謀をそれぞれ定義し、
共謀が一般に社会的厚生と整合しない理由を説明できるようになる。

7.2 共謀がいかにして経済的利益をもたらすかを
説明できるようになる。

7.3 共謀関係が崩れるにはどのようなパターンがあるかを挙げ、
業界の属性を利用して共謀関係の持続性を予測する方法を
説明できるようになる。

7.4 共謀戦略ならではの組織体制上の課題を2つ挙げ、
説明できるようになる。

◉ガソリンスタンドのジレンマ

　これまで本書で取り上げてきた諸理論やフレームワークを応用する機会として、次のシナリオを考えてみてほしい。

　あなたは地元の交通量の多い交差点で、ガソリンスタンドを所有し経営している。市内には他にもガソリンスタンドがあるが、いずれも10マイル（約16キロメートル）以上離れている。販売しているガソリンは、全国規模の広告キャンペーンによって支えられた信頼の高いブランドである。ガソリンの価格は市内の他のスタンドと比べて割高だが、その代わりこのスタンドは清掃が行き届いており管理状態が良い。セルフ式の給油設備は最先端のものを導入している。

　また、このスタンド内には清潔で品ぞろえの良いコンビニエンスストアもある。コンビニでは飲み物やお菓子、少量の自動車用品を販売しており、収益性は高い。最近の調査で明らかになった、全国のガソリンスタンドで販売されている商品の販売量トップ100のうち、95%の商品はこのスタンドでも販売されている。より重要なことに、ここで販売されるホットコーヒーは市内一の味だという定評がある。2年前には、コンビニの裏に洗車設備も導入した。これもまた好調である。そして、あなたが5年前から営業しているこのガソリンスタンドは、交通量の多いこの交差点で唯一のガソリンスタンドである。

　しかし、そんな状況は一変しそうだ。

　まず、この店舗の斜め向かいに別のガソリンスタンドが建つという噂が流れ始めた。そして実際に建設が始まり、噂は本当だったと明らかになった。規模としてはこの店舗と同じぐらいのスタンドであり、販売するガソリンは同様に全国規模で広告活動を行っている他のブランドだ。併設のコンビニはこちらの店舗よりも若干規模は小さいが、商品を運び込む様子を見る限り、同じような商品ラインナップになりそうだ。

　新しいガソリンスタンドには、こちらにあるものとブランドの異なる自動洗車設備も設置された。新店舗の開店が近づくなか、相手のオーナーとも顔なじみになった。彼女は好感度が高く、人望の厚い、市内で有名なビジネスパーソンである。したがって、おそらく効果的にガソリンスタンドを経営するだろうと思われる。

大々的に行われた新店舗の開業から３週間後、ある意外な出来事が起きた。当初相手のガソリンスタンドが店先に掲示しているガソリン価格は、こちらの店舗と同水準だった。実はあなたは、そのライバル店の開業に先駆けて、市内の他店に比べればまだ割高だが、それまでよりは２～３セントの値下げを行っていた。彼女の店は、その値下げ後の価格水準に合わせてきていた。ところが今日になって、突然向こうは価格を５セント値上げしてきた。しかし、特にガソリンの卸売価格が全国的に上昇した様子はない。

　さて、あなたはどのような行動をとるべきか。

　これまで取り上げてきた一般的な事業戦略(コスト・リーダーシップ、製品差別化、柔軟性)を選択・導入した企業は、競合に比べて効果的かつ効率的に顧客ニーズに応えることにより(すなわち、低コストの実現、製品差別化、あるいは、それら２つのいずれかを追求する柔軟性を保持することにより)利益を生み出す。その意味で、これらの戦略によって生み出された利益は、「効率に基づく利益」と見ることができる。

　一方、本章で取り上げる戦略は、上記のように効率・効果において他社と戦略的に差をつけることを、利益の源泉とはしない。この章で扱う戦略において利益をもたらす源泉は、特定の業界または市場において一群の企業同士が協力し、競合度を緩和することにある。

　このような戦略を、共謀と呼ぶ。共謀を行った企業は、業界全体の需要を下回る水準まで供給量を減少させることにより、市場価格を競争的レベル以上に押し上げる。このような価格上昇が、本章で扱う利益の源泉である。

　注目すべき点として、この場合企業は、より効率的・効果的に顧客ニーズを満たす能力を身につけなくても利益を確保できる。ここで求められるのは、他社との共謀を通じて競合度を下げることだけである。よって、このかたちで生み出された利益は、「共謀に基づく利益」と呼ばれる。

　冒頭のケースで紹介した２つのガソリンスタンドが狙っているのは、おそらく共謀の一種類である暗黙的共謀である。一方のガソリンスタンドによる明白で合理的な理由のない値上げ(ガソリン卸売価格の上昇が見られない状況での値上げ)は、共謀の意図を示すシグナルである可能性がある。つまり、価格競争の度合いを下げ、「共謀に基づく利益」を上げようという意図である。

　一方、相手の値上げには何か他の事情が存在する可能性もある。しかし実

際上、真相が何であるかを見極めることは難しく、双方のガソリンスタンド
のオーナーが価格を直接話し合うこともできない。なぜならそうした行為は
明示的共謀にあたり、多くの先進国では法的に禁じられているからだ。

　では、今回の事例のように「競合」が値上げを行った場合、あなたはどのよ
うな行動をとるべきか。本章では、こうした判断を行う際に浮上する、経済
的、戦略的、法的、倫理的な問題を見ていく。

●──共謀とは何か

到達目標 7.1
明示的共謀(=談合)と暗黙的共謀をそれぞれ定義し、
共謀が一般に社会的厚生と整合しない理由を説明できるようになる。

　共謀(collusion)とは、特定の業界または市場で活動する複数の企業が、競
合度を緩和させるためにとる協調的行動である。こうした協調行動にはさま
ざまな形態がある。たとえば、同じ地理的市場での競争を避ける場合(例：欧
州市場では、コカ・コーラが西欧諸国を中心に展開し、ペプシがロシアを中心に展
開している)、同じ技術分野での研究開発を避ける場合(例：ゼネラル・エレク
トリック(GE)は大型タービン発電機に重点を置き、ウェスティングハウス・エレク
トリック(Westinghouse Electric、訳注：現在は存在していない)は小型タービン発電機
に重点を置いている)、競争的なレベルを下回る水準まで生産量を下げる場合
(例：1973年、石油輸出国機構(OPEC)諸国が一斉に輸出量を減らし、米国におい
て第1次石油危機を引き起こした)などである。

　もちろん、企業間の協調は、必ずしも業界内の競合度低減を目的として行
われるものではない。したがって、企業が協調行動をとっているからといっ
て共謀が存在するとは限らない。たとえば、企業は特定の業界や市場におけ
る競争力を高めるために戦略的提携を行う場合がある。このようなかたちの
協調行動は、第11章(下巻)で取り上げる。一方、本章で注目するのは、共謀
による協調行動である。

　共謀には、明示的共謀(=談合)と暗黙的共謀という2つの形態がある。**明示
的共謀(explicit collusion)**とは、業界内の他企業と直接交渉し、競合度の緩和

に向けた合意を結ぶ場合である。明示的共謀は、ほとんどの先進国において法的に禁じられている。もう一度言っておく。多くの先進国では、明示的共謀を行った場合、あなたは刑務所行きになる可能性がある。

一方、暗黙的共謀（tacit collusion）は合法であり得る。暗黙的共謀とは、明示的共謀と同じく競合度の緩和に向けて協調する行為だが、それを行うにあたって直接的な交渉を伴わない。冒頭のケースに登場した新規店舗のオーナーが値上げをした時、彼女は違法となる明示的共謀を構成する直接交渉を避け、暗黙的共謀を成立させる意図をシグナルとして送っていた可能性がある。

共謀を行う企業は、明示的にせよ暗黙的にせよ、いくつかの根本的な倫理上の問題に直面する。これらの問題については、コラム「企業倫理と戦略」で取り上げる。

企業は暗黙的共謀を行う場合、競合度の緩和に向けて協調する意図を間接的に伝える必要がある。しかしこうした意図の表明（シグナル）は、時として理解や解釈が困難である。もしもシグナルが伝わらなかった場合、本来なら得られた大きなメリットを当事者も競合も享受できないことになる。

たとえば、「囚人のジレンマ」として広く知られる単純な例を考えてみてほしい。**表7.1**は、このようなジレンマに直面する2つの企業の獲得利益のマトリクスである。もしもこの2社が共に戦略A（価格維持）を選択し協調すれば、両社とも3000ドルを獲得する。一方、企業1が戦略Aを選び、企業2が戦略B（相手を出し抜いて値下げする）を選んで協調しない場合、企業1は1ドルも獲得できず、企業2は1万ドルを獲得する。反対に、企業1が協調せずに戦略Bをとり、企業2が戦略Aをとれば、今度は企業1が1万ドルを獲得し、企業2は1ドルも獲得できない。最後に、両企業とも戦略Aをとらず協調しない（値下げする）ことを選んだ場合、両社とも1000ドルしか獲得できない。

表7.1 | 囚人のジレンマにおける獲得利益のマトリクス表

		企業1	
		戦略A	戦略B
企業2	戦略A	企業1は3000ドルを獲得 企業2は3000ドルを獲得	企業1は10000ドルを獲得 企業2は0ドルを獲得
	戦略B	企業1は0ドルを獲得 企業2は10000ドルを獲得	企業1は1000ドルを獲得 企業2は1000ドルを獲得

共謀の倫理的問題

　経済理論の世界で、完全競争市場が社会的厚生につながるという論理は確立されている。しかし、企業は完全競争市場においては利益を獲得できないので、そこには戦略を検討する余地や、戦略に基づいた経営を行う余地はあまりない。

　また、価値を有する経営資源やケイパビリティが、個別企業の異質性ゆえに業界内の特定企業に偏在しており、かつ、そうした経営資源やケイパビリティに移動困難性（ゆえに固着性）がある場合、経営資源上の優位を持つ企業が効率的かつ効果的に顧客ニーズを満たすことは社会的厚生と整合的である、という見解も確立されている。このような市場で活動する企業は、社会的厚生をもたらすと同時に利益もあげる可能性がある。これが、第3章（上巻）で紹介したリソース・ベースト・ビューに基づく戦略または戦略的経営である。

　一方で、以下のような見解もある。同質の経営資源やケイパビリティを保有する企業同士が互いに協調し、完全競争を下回るレベルまで業界の競合度を下げられれば、利益を獲得することが可能である（このようなかたちで利益を生み出す戦略については、本章後出のコラム「より詳細な検討」にて詳しく解説する）が、社会的厚生は減退する。経済学では、このような社会的厚生の減退を**死重的損失**（dead weight loss）、または死過重と呼ぶ。

　死重的損失の大きさは、適正価格であれば製品を購入していた顧客が、共謀がもたらした高価格ゆえにその製品を買わないと判断した場合、その製品から本来得られるはずであった効用は実現しない。その大きさが死重的損失である。死重的損失を生み出す要因はいくつかある（たとえば、特定の製品分野に追加的税金が課される場合）が、業界または市場内の競合度を低下させることによって死重的損失を生む共謀は、特に重要な要因である。このような状況では、戦略や戦略的経営が持ち得る意味はもっぱら競合度を下げることにあるため、社会的厚生は損なわれる。第2章（上巻）で紹介した企業パフォーマンスのSCPモデルの背景にも、同じロジックが存在している。

　総じて、戦略や戦略的経営は必ずしも社会的厚生と相容れない関係を持つわけではないが、そのケースもあり得るということだ。そのような戦略を追求した企業は利益を獲得できるとしても、独占禁止法上の訴訟や政府規制などにより、獲得する利益が制約を受ける可能性がある。また、そうした企業

　上記をまとめれば、次に述べることはゲーム理論の専門家でなくてもわか
るだろう。両社は互いに協調したほうが得だが(それぞれ3000ドルを獲得)、よ
り大きな利益を追求する誘惑にかられ(つまり1万ドルの利益)、結果的に本来
よりも低い利益しか獲得できない可能性がある(それぞれ1000ドル)。つまり、
ここでは協調したほうが互いに有利になるが、それは実現されないかもしれ
ない。

　一方、企業1と企業2が直接やりとりすることができれば、協調のメリッ
トを享受できる可能性は高まるだろう。直接やりとりすることができれば、互
いの意向を知り、ピア・プレッシャーを通じて相手に協調の約束を守らせ、信
頼や友情を築くことなどが可能になる。しかし、こうした直接的やりとりは
違法であり(特定の業界や市場の競合度を下げることを目的としている場合)、協
調関係を築くこともけっして容易ではない。

　それにもかかわらず、明示的共謀も暗黙的共謀も、これまでさまざまな企
業が行ってきている。たとえば1990年には、メジャーリーグベースボールの
何人かの球団オーナーが、フリーエージェント市場において共謀したとして
起訴された。1991年には、マサチューセッツ工科大学やアイビーリーグの大
学が、経済的に恵まれない入学許可者に給付する奨学金をめぐって共謀を行
っていたことが発覚した。1990年代初頭には、米国航空業界の各社が運賃を
めぐって共謀したとして起訴された。穀物メジャーのアーチャー・ダニエル
ズ・ミッドランド(Archer Daniels Midland、ADM)は1998年に、競合他社との
共謀の疑いで起訴された。

　ブリティッシュ・エアウェイズ(British Airways)とヴァージン・アトランティ
ィック航空(Virgin Atlantic Airways)は2007年から2008年にかけて、燃油価格
の高騰に伴う運賃の値上げをめぐって共謀を行った。英国の食品スーパーチ
ェーンであるセインズベリーズ(Sainsbury's)とアズダ(Asda)は、2002年から
2003年にかけて、牛乳の小売価格をめぐって共謀を行った。2004年から2005
年にかけては、旭硝子(現AGC)、ガーディアン・インダストリーズ(Guardian
Industries)、ピルキントン(Pilkington)、サンゴバン(Saint-Gobain)という世界

各国の板ガラスメーカー4社が価格設定をめぐって共謀を行った。最近では、大手の電気器具メーカー、タイヤメーカー、クレジットカード会社などが、共謀の疑いで米国司法省の調査を受けている。[注5]

◉——共謀の経済的価値

到達目標 7.2
共謀がいかにして経済的利益をもたらすかを
説明できるようになる。

　共謀がいかにして経済的価値を生むかを理解する1つの方法は、第2章（上巻）で紹介した業界の利益水準に関する、業界構造−企業行動−パフォーマンス（SCP）・モデルを用いることである。第2章でも述べたとおり、このモデルが開発された当初の目的は、完全競争の力学が働いておらず、大半の企業が加重平均資本コストを上回るリターンを確保している業界を特定することだった（市場競争を促進させる独占禁止政策上の目的）。

　その後、また別の研究者がSCPフレームワークを活用し、業界において企業の利益に脅威をもたらす5つの要因を特定した。つまり、新規競合、既存競合、代替製品、サプライヤー交渉力、買い手の影響力である。[注6]企業は共謀を図ることにより、業界において利益に脅威をもたらすこれら競争要因の影響を緩和させることができる。

◉共謀による新規競合の脅威の緩和

　企業は互いに協力して、第2章の表2.1と表2.2に挙げたいずれかの参入障壁を一緒に築くことにより、新規競合の脅威を減らすことができる。

　その1つの方法は、複数の既存企業が協力し、自分たちの生産活動を支えるのに十分だが、新規競合の生産をも吸収できるほどには拡張できない、きわめて大規模な生産設備を立ち上げることである。この場合、単独で参入する新規競合は、自社の生産量に見合ったより小規模の設備を立ち上げざるを得ず、その操業コストは既存企業の操業コストを上回ってしまう。

このような投資の実例としては、石油会社が石油精製施設を共同して建てる場合などがある。既存企業によるこのような行動は、参入障壁としての規模の経済の効果を高める。

　また既存企業は、業界共通の技術規格を築くことにより、新規競合による業界参入をきわめて困難にすることができる。技術規格が特に重要な参入障壁となるのは、業界内の既存企業だけがそうした規格を満たすのに必要な経験や経営ノウハウを備えている場合である。既存企業自身がそれら技術規格を築いている場合、特に参入障壁は高くなる。これは、規模と無関係なコスト優位によって参入障壁の効果を高めるアプローチである。

　さらに、ある業界内の企業は、協力して製品を差別化することで参入障壁を築くこともできる。具体的には、自社製品の差別化から、業界内の既存製品全体を潜在的新規参入製品に対して差別化することへ重点を移すことである。たとえば、既存製品の地域色を強調した広告キャンペーン(例：米国産であることの表示＝Made in the U.S.A.)など、ごくシンプルな工夫によっても新規競合にとっての参入コストを高めることができる。

　場合によっては、自分たちの業界への新規参入コストを高めるために、共同で政府に対してロビー活動を展開することも可能だ。こうしたロビー活動が、「自分たちの利益向上のために参入規制を強めてほしい」というストレートな要求としてなされることは稀である。既存企業が共同でロビー活動を行う際に強調するのは、新規参入によって国内労働者の就業機会が減ること、顧客安全上のリスクが生まれること、低品質な製品が市場に出回ること、非人道的な児童労働につながり得ることなどである。こうした共同のロビー活動の結果として、当該業界への参入コストが高まる場合がある。

●共謀による既存競合の脅威の緩和

　業界内の他社と共謀を行うことは、定義として互いに競合度を下げる行為である。コスト面での共謀のメリットは、生産コストの削減、製品差別化、顧客の購入をより容易にすることなどに対する多額の出費を避けることができる点である。売上高の面では、競合による値下げ攻勢を心配せずに値上げを行えるメリットがある。うまく共謀を行うことができた企業は、本来よりもコストが低下し、収益が増加するので、完全競争に近い市場で活動する企業

に比べ、一般により高い利益をあげられる。ここではこうした大まかな説明にとどめるが、以下のコラム「より詳細な検討」ではこの点についてより詳細に解説している。

より詳細な検討

共謀が利益をもたらす仕組み

　共謀が利益をもたらす仕組みを理解するために、次のシンプルな事例を考えてみてほしい。ある業界は2社で構成されており、この2社が業界を真っ二つに分割することで合意したとする。つまり、いずれの企業も業界内で生産される全製品の半分を生産・販売し、創出される全利益の半分を獲得する。両社は同じ右肩下がりの需要曲線を持つ。両社を一体としてとらえた場合の需要曲線は、次のような関数であらわすことができる。

$$P(Q) = 10 - Q$$

　Q（生産販売量）をあらわす単位は100万ポンド／年であり、P（価格）の単位はドル／1ポンドである。この場合、2社それぞれが1ポンド（約454g）当たり8ドルで製品を販売した場合、両社を合わせた市場全体の販売量（＝需要）は200万ポンドである（10－2＝8）。1ポンド当たりの価格が6ドルの場合は、両社の販売量（＝需要）が400万ポンドになる（10－4＝6）。

　両社がいくらに価格を設定し、どれぐらいの製品を販売するかによって2社の総売上げが決まる。両社の総売上げ（TR: total revenue）は価格と販売量を掛け合わせた値なので、次のようにあらわすことができる。

$$TR(Q) = P(Q) \times Q$$
$$TR(Q) = (10 - Q)Q$$
$$TR(Q) = 10Q - Q^2$$

　両社が1ポンド当たり8ドルで200万ポンドを販売した場合、2社を合わせた総売上げは1600万ドル（10（2）－4＝16）であり、各社が800万ドルずつ獲得する。1ポンド当たり6ドルで400万ポンドを販売した場合は、2社を合わせた総収益が2400万ドル（10（4）－16＝24）となり、各社が1200万ドルずつ獲得する。

次に、両社の総生産コスト（TC：Total Cost）は次の式であらわされる。

$$TC(Q) = (1/2)Q^2$$

　したがって、それぞれ年間100万ポンドの製品を生産した場合、総費用は年間50万ドル（1/2×1² = 1/2）になる。それぞれ年間200万ポンドの製品を生産した場合は年間200万ドル（1/2×2² = 2）である。

　第1章（上巻）で述べたとおり、経済的利益は単純に総売上げと総費用の差である。この2社が1ポンド当たり8ドルで合わせて200万ポンドの製品を販売した場合、それぞれの収益は800万ドルであり、コストは50万ドルである。したがって、それぞれの純利益は750万ドルになる。2社が1ポンド当たり6ドルで合わせて400万ポンドの製品を販売した場合は、それぞれ収益が1200万ドルで、コストが200万ドルになる。したがって、この場合のそれぞれの純利益は1000万ドルである。

　同じようなロジックは、2社以上の場合にも応用できる。たとえば、ある業界では4社が生産量と利益を均等に分割することで合意したとする。先ほどと同じ式を用いると、4社が合わせて400万ポンドを生産した場合、販売価格は1ポンド当たり6ドルになり、業界全体の収益は2400万ドルになる。それぞれのコストは50万ドルであり、利益は550万ドル（24／4 − 0.5 = 5.5）である。

　より競合度の高い状況ではこうした利益が新たな競合の参入を呼び、業界における供給の増加と価格の低下をもたらす。そして、期待利益がゼロになるまでこうした参入が続く。しかし、業界における企業間の協調が可能であり、業界内の企業が高い参入障壁によって守られている場合は、共謀の効果によって経済的利益が生まれる。(注10)

◉共謀によるその他の競争上の脅威の緩和

　このように、企業は共謀を通じて他社と生産活動や価格設定を調整し、高い参入障壁を築くことによって利益を獲得できる。一方、共謀によってそれ以外の競争上の脅威を減らすことも可能である。たとえば同じ業界の企業が特定の原材料サプライヤーに対し、市場価格よりも低い価格しか支払わないという共謀を行う場合がある（それによって、サプライヤー交渉力の脅威を緩和）。あるいは、顧客に対して販売する製品の数に上限を設ける場合がある（それによって、買い手影響力による脅威を緩和）。

もちろん、販売量に上限を設けることは、その業界の既存製品に対する代替品の魅力を高める可能性もある。たとえば、OPEC諸国が共謀によって原油の供給量を減らした時、原油価格は高騰し、多くの企業は代替エネルギー源を模索するようになり、消費者は石油の消費量を抑えるようになった。それによって共謀がもたらす効果の限界があらわになった。その意味において、共謀によって供給量を減少させることで獲得できる利益は、代替品の価値上昇によって制約を受けると言える。^(注11)

──共謀と持続的競争優位

到達目標 7.3

共謀関係が崩れるにはどのようなパターンがあるかを挙げ、
業界の属性を利用して共謀関係の持続性を予測する方法を説明できるようになる。

　ここまでの記述では、共謀が理論的には利益をもたらし得ることが示された。また共謀は、明示的にせよ暗黙的にせよ、少なくとも一時的に持続することが示された。しかし共謀は、長期的に保つことが難しい戦略である。特に協調に向けた合意を直接交渉して決めるわけではない暗黙的共謀の場合、持続しない傾向が強い。

　共謀が長く続かない理由の1つは、共謀に参加する企業は、利益の獲得という面では相手との協調合意を守ることに強いインセンティブを持つが、同時に、合意を破ることへの強いインセンティブも持つからである。表7.1で示した囚人のジレンマの獲得利益マトリクスを思い返してほしい。この場合、両社は協調すれば共に3000ドルというそれなりに高い利益をあげることができるが、一方の企業が協調を破棄し、相手が協調し続ければ、協調を破った企業はさらに高い利益を得ることができる。すなわち、協調合意を破って値下げした企業は1万ドルを獲得し、協調を継続した企業の獲得額はゼロになる。

　別の例を考えてみよう。ある業界では6つの企業がいずれも差別化されていない製品を販売しているとする。^(注12)6つの企業のうち5社は1単位10ドルで1000単位の製品を販売するという合意を守ったが、1社はその合意を破り、1

単位9ドルで3000単位の製品を販売したとする。共謀した5つの企業は各社1万ドル（＝1000×10）の売上げを獲得するが、合意を破った企業は2万7000ドル（＝3000×9）の売上げを獲得する。生産コストが一定（1単位当たり3ドル）であると仮定すると、共謀を継続した5つの企業はそれぞれ7000ドル［＝1000×（10－3）］の利益をあげるが、合意を破った企業は1万8000ドル［＝3000×（9－3）］の利益をあげる。

このように、生産量を増やし、1ドルの値下げを行うことにより、合意を裏切った企業はかなり利益を拡大することができる。

●共謀関係の裏切りのパターン

企業が共謀相手を裏切る方法には、さまざまなパターンがある。それぞれのパターンによって、共謀相手が自社の裏切りに対してどのような反応を見せるかという企業の想定や、業界のパフォーマンス水準に与える影響が異なる。

なかでも最も重要な裏切りのパターンは、ベルトラン型裏切りとクールノー型裏切りである。これらの概要とそれぞれが企業パフォーマンスにもたらす影響は、**表7.2**に示した。表では、これらの裏切りがあった場合と、完全な共謀関係がある場合（協調）、完全競争下で市場価格を受容する場合とを比較している。

ベルトラン型裏切り

経済学者であり数学者のジョセフ・ベルトラン（Joseph Bertrand）は、それまで共謀関係にあった企業が共謀相手を裏切り、協調価格を下回る水準に価格を下げた際に、業界の利益水準がどのように影響を受けるかを検証した。[注13]

このモデルは、「裏切りを行う企業は、自社が裏切って価格を変えても、業界内の他の企業は常に共謀を維持する」という（非現実的な）仮定を置いている。ベルトランの一般化された結論は次のとおりである。製品がほとんど差別化されていない少数企業による共謀を仮定すると、1社が共謀関係を裏切って値下げを行った場合、他の企業も値下げをするようになり、長期的には業界内の利益水準がゼロになる。

この結果がどのようにもたらされるかを理解するために、**表7.3**に示したシ

表7.2 | 共謀の合意を裏切るパターン、意思決定を左右する要素、想定される企業行動、製品差別化のない複占市場において想定されるパフォーマンス

戦略	意思決定を左右する要素	裏切る企業が想定している他社の行動	想定されるパフォーマンス
協調	価格・生産量	両社が合意を守る	独占利益の山分け
完全競争下の市場価格受容	価格・生産量	両社が相手企業との依存関係を完全に無視する	標準的利益
ベルトラン型裏切り	価格	1社は他の企業が従来価格を維持する想定。ラウンド間の学習は行われない	標準的利益
クールノー型裏切り	生産量	1社は他の企業が従来の生産量を維持する想定。ラウンド間の学習は行われない	独占利益の山分けと標準的利益の間の利益

表7.3 | 製品が均質な複占市場におけるベルトラン型の裏切り

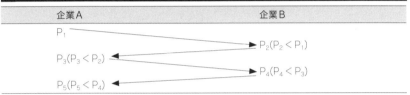

企業A	企業B
P_1	
	$P_2(P_2 < P_1)$
$P_3(P_3 < P_2)$	
	$P_4(P_4 < P_3)$
$P_5(P_5 < P_4)$	

ンプルな例を考えてみよう。この業界には2社しか存在せず(複占)、それぞれの製品は差別化されていない。企業Aと企業Bは価格水準がP_1となるように生産量を抑えることで合意したとする。その後企業Bは合意を破り、生産量を増やしたうえで価格をP_2に設定する。企業BはP_1と同等か高水準の価格を設定しても売上げを増やすことはできないので、P_2は必ずP_1よりも低くなる。企業BがP_2に価格を設定すれば、顧客はこぞって製品の購入先を企業Bに切り替える。企業Aとしては、これに対抗してP_3($P_3 < P_2$)に価格を設定するしかない。そうなれば、顧客は企業Aに戻ってくる。企業Bはそれに対抗してさらなる値下げを行う。

　こうした値下げ合戦は、両社の収益がコストと同水準になるまで続く。その時点で両社の利益はゼロになる。

クールノー型裏切り

　ベルトランの分析は、共謀によってもたらされる高利益が非常にもろく、1社が値下げを行えば、たちまち両社の利益がゼロになることを示している。

企業Aは、企業Bの当期の生産量が前の期の水準で固定されていると想定して、自らの最適生産量を定める。その次の期には企業Bが、企業Aの生産量が前の期の水準で固定されていると想定して生産量を調整する。こうしたサイクルが繰り返される。^(注)

期	相手の生産水準が固定されると想定して自社の生産量を調整する企業	相手の生産水準が固定されると想定した場合の相手企業の生産量	相手の生産水準が固定されると想定した場合の自社の最適生産量	企業Aの利益	企業Bの利益
1	A	0	50	2,500	0
2	B	50	25	1,250	625
3	A	25	37.5	1,406	938
4	B	37.5	31.25	1,172	977
5	A	31.25	34.38	1,074	1,182
＊	＊	＊	＊	＊	＊
＊	＊	＊	＊	＊	＊
＊	＊	＊	＊	＊	＊
n	B	33.33	33.33	1,111	1,111

注a　表内の計算は以下の手順で行った。たとえば第4期の場合、企業Bは企業Aの生産量が第3期の水準で維持されると想定する。つまり、企業Aの生産量は次のとおりである。

$$q_1 = 37.5$$

次に、企業Bは企業Aが37.5単位を生産すると想定した場合に業界内に満たされずに残る需要量を推定する。

$$P = 100 - Q$$
$$= 100 - (37.5 + q_2)$$

続いて、限界費用と限界収益が等しいとして、自社の利益が最大となる生産水準を定める。

$$MC = MR$$
$$0 = 62.5 - 2q_2$$
$$q_2 = 31.25$$

（訳注：ここのq_2＝31.25を求める計算は、省略が多くこのまま読んでいると計算結果にジャンプしていてよくわからないので、下記の「補足資料A」を参照のこと）

ここで市場価格を計算する。

$$P = 100 - Q$$
$$= 100 - (q_1 + q_2)$$
$$= 100 - (37.5 + 31.25)$$
$$= 31.25$$

また、この価格水準における企業Aと企業B、それぞれの売上げも計算できる。

$$R_A = P \times q_1$$
$$= 31.25 \times 37.5$$
$$= 1,172$$
$$R_B = P \times q_2$$
$$= 31.25 \times 31.25$$
$$= 977$$

この例では限界費用がゼロであると仮定されているので、売上げは利益と等しい。

以上の分析の結果、生産量に基づく競争は、長期的に競争が経過した後には次のような状況にいたることがわかる。市場需要の3分の1は企業Aが満たし、3分の1は企業Bが満たし、残りの3分の1は満たされずに残る。したがって、価格は競争的レベルを上回る水準になる。生産量に基づいて裏切りを行った企業は、利益を獲得することが可能だが、両社が完全に協力して生産水準を調整する場合に比べると利益水準は低下する。

「補足資料A」

本表では、企業Aが企業1（生産量q_1）、企業Bが企業2（生産量q_2）にあたる。

与件：

$P = 100 - Q$ ……①

$Q = q_1 + q_2$ ……②

$MC = 0$ ……③

$MR = 100 - 2Q$ ……④

まず①に②を代入して、

$P = 100 - (q_1 + q_2) = 100 - q_1 - q_2$ ……⑤

企業Bが得られる総収益（total revenue：総売上高）をTR_2とする。

$TR_2 = P \times q_2$ （＝価格×数量） ……⑥

⑥に⑤を代入して、

$TR_2 = (100 - q_1 - q_2) \times q_2 = 100q_2 - q_1 q_2 - q_2^2$

MR_2を求めるにはTR_2をq_2について微分して、

$MR_2 = 100 - q_1 - 2q_2$

ここでq_1は前期のまま37.5であり、$MR = MC$と③（$MC = 0$）より、

$0 = 100 - 37.5 - 2q_2$

$= 62.5 - 2q_2$

$2q_2 = 62.5$

よって$q_2 = 31.25$

上記がうまく理解できない読者はYouTubeで下記のサイトを見るとよい。

"How to Solve a Cournot Oligopoly Problem"

https://www.youtube.com/watch?v=An_2r6Ae_28

アントワーヌ・オーギュスタン・クールノー（Antoine-Augustin Cournot）は、これとは少し異なるアプローチで共謀状況における裏切りを分析した[注14]。値下げに注目したベルトランに対し、クールノーが検証したのは、企業が生産量の調整のみを行い、価格は市場力学に委ねるというかたちで共謀相手を裏切った場合の業界パフォーマンスへの影響である。

　表7.4では、複占市場にある企業が生産量に基づいて競争をした場合、それぞれのパフォーマンスにどのような影響がもたらされるかを検証した。表には、両社が置かれている経済状況についてさまざまな情報がまとめられている。たとえば、業界全体の需要曲線、限界収益、限界費用などである。この表の背景にあるロジックは直感的に理解可能である。

　クールノーはベルトラン同様、企業Aと企業Bは、相手が過去に行った意思決定は何があっても維持されると想定する、と仮定することで分析を簡易

化した。ただし、ベルトランが価格に注目したのに対し、クールノーは生産量に着目した。

　上記の仮定に基づくと、企業Aと企業Bはそれぞれ相手の生産量が過去の定まった水準で固定されるという前提に立つので、相手が満たしていない市場需要に対しては自社が独占者になると認識する。両社はこの満たされずに残った需要量を考慮したうえで、自らの利益を最大化させる生産量を選択する。

　しかし、こうした選択は同時に、相手企業の判断にも影響を与える。つまり、一方の企業が選択した生産量によって満たされずに残る需要量が決まり、その需要を取り込む相手企業の需要曲線と最適生産量は変化する。さらに、その最適生産量に対して最初の企業がまた生産量を調整すれば、一方の企業の判断も同じように影響を受け、需要曲線と最適生産量が変化する。このようなサイクルが繰り返されていく。

　注目すべき点として、生産量の調整によって共謀相手との合意を破ってクールノー型裏切りを行った企業は、ベルトラン型裏切りを行った企業とは異なり、一定の利益水準を得ることが可能である。ただし、獲得できる利益は共謀を維持した場合よりも低くなる。

その他の裏切りのパターン

　ベルトラン型とクールノー型の裏切りが到達するパフォーマンス結果は、自社の裏切りに対して他社がどのような反応を見せるかに関して企業が置く仮定に依存して決まる。

　すなわち、ベルトランとクールノーはいずれも、次の2つの前提に基づいて裏切りを分析している。（1）企業は、他社の価格もしくは生産量は前の期から変化しないと想定する、（2）企業は、自社が選んだ価格もしくは生産量に応じて、他社も価格もしくは生産量を調整してくることを学習しない。しかし、これらはきわめて現実味のない前提である。この限界に対する答えとして、より現実的な前提に基づいた裏切りのモデルがいくつか提唱されている。

　たとえば、エッジワース（Edgeworth）はベルトランを引き継ぎ、価格に基づく裏切りを検証した[注15]。ただし、エッジワースのモデルでは、「生産能力の制約」が考慮されている（企業は価格設定はすぐに変えられるものの、生産量を変えるのには少し時間がかかるという経験的観察から）。生産能力の制約が存在する

ことで、価格の高い企業も完全にはシェアを奪われず、完全競争状態に陥ることは回避される。したがって、この場合における業界内の企業は、クールノー型裏切りの場合は下回るにせよ、一定の利益を獲得できる。

スタッケルバーグ(Stackelberg)はクールノーを引き継ぎ、生産量の調整による裏切りに着目した。しかし、クールノーとは異なる点として、業界内のある企業(「スタッケルバーグ・リーダー」と言う)は、自社の生産量に対して他社がどのように反応するかを正確に予測する能力を持っており、その企業は利益が最大になる生産量を選んだら長期にわたってそれを維持する、と仮定した。[注16] 業界内の他の企業(「スタッケルバーグ・フォロワー」)は、それに応じて生産量を調整する。このような業界に属する企業も、一定の利益を獲得できるが、利益水準は純粋なクールノー型裏切りの場合に比べて低い。

また、ライバル企業の行動について、エッジワースやスタッケルバーグとは違う前提に立って、分析を行った研究者も何人かいる。

たとえば、次の場合においてベルトラン型やクールノー型の裏切りがもたらす業界の利益水準を検証した研究者がいる。(1)企業が差別化された製品を販売する場合、(2)裏切りがあったと他社が気づくまでにタイムラグがある場合、(3)業界内の企業が他の市場においても競合関係にある場合、(4)他社が価格や生産量における裏切りを認識できない場合、(5)価格設定をすぐには変更できない場合、(6)裏切りがあっても報復をしないという評判を持つ場合、などである。[注17]

これらの状況において裏切りがあった場合、長期的な利益水準は、各社がまったく利益を獲得しない完全競争状態と、各社が独占的利益を山分けする完全協調状態の間のどこかで落ち着くことになる。

●明示的共謀と暗黙的共謀

このように、共謀状況における裏切りが企業のパフォーマンス水準にもたらす影響は、企業が「自らの裏切りに対するライバル企業の反応」についてどのような想定をするかによって左右される。

したがって、「企業はいかにしてライバル企業の意向を知り得るか」が重要な問いになる。最も簡単な方法は、現在の価格設定や生産量、または今後予定している価格設定や生産量について、企業が直接コミュニケーションをと

ることである。直接コミュニケーションをとれば、他社の反応が予測しやすくなり、互いの利益最大化に向けて価格設定や生産量を交渉することができる。もちろん、このような直接的なコミュニケーションや交渉は明示的共謀にあたり、ほとんどの先進国では違法である。

　したがって、協調によって相互の利益最大化を狙う企業は、直接的コミュニケーションや交渉に代わり、暗黙的に共謀を行う必要がある。暗黙的共謀を行う企業は、直接コミュニケーションをとる代わりに、協調の意思（あるいは、協調する意思がないこと）を潜在的共謀相手に表明（シグナリング）したり、相手が表明（シグナリング）した協調・非協調の意思を解釈したりする。^(注18)

　共謀のシグナルは、時に解釈が困難である。たとえば、需要が低下した際に値下げを行わなかった企業は、共謀の意思をシグナリングしている可能性もあるが、自社の製品差別化の優位を生かして利益マージンを維持しようとしている可能性もある。また、調達コストが低下した際に値下げを行わなかった企業も、共謀のシグナリングをしている可能性はあるが、ただ単にその企業が独自に経済的パフォーマンスを最大化する選択をしている可能性もある。いずれの場合も、企業の外見的行動からは、その企業の真の意図を理解するには限界がある。

　最近のゲーム理論の研究では、企業は共謀を維持したい場合、裏切りに対して全力で報復する意思を表明する「タフ」シグナルと、裏切りがあっても報復はしない意思を表明する「ソフト」シグナルを、どのように使い分けるべきかが示されている。こうした研究結果については、コラム「関連する学術研究」にまとめた。

　一方、協調する企業同士が直接的コミュニケーションをとらず、暗黙的共謀を行っている場合であっても、違法になり得る点には注意が必要である。司法当局によれば、競合度を下げるために意図的に価格や生産量を調整した企業は、明示的共謀にいたらなかったとしても、**意識的並行行為**（conscious parallelism）を行っている可能性があり、そうなれば独占禁止法上の罰則の対象となる。そのため、暗黙的共謀であっても、共謀の追求を検討している企業は、専門性の高い法的アドバイスを得る必要がある。^(注19)

●業界の属性と裏切りの脅威

共謀関係の裏切りに関する自社の意図をシグナリングできる戦略的行動（コラム「関連する学術研究」で紹介）以外にも、企業はいくつかの業界属性を用いて、共謀関係に裏切りが発生する確率を推定できる。一般にそれらの属性が存在する業界では、実際に裏切りがあった場合に他社がそれを検知できる可能性が高い。

他社が裏切りを検知すれば、本章の冒頭で述べた対抗措置をとることが予想される。こうした競争的環境は協調的環境に比べて魅力が低いので、裏切りが検知される可能性の高い共謀業界では、実際に裏切りが起きる可能性は低くなる。反対に、裏切りが検知される可能性の低い共謀業界では、実際に裏切りが起きる可能性が高くなる。

関連する学術研究

共謀関係の維持に向けたシグナリング

一般に、企業は協調合意を裏切る可能性のある共謀相手に対して、2種類のシグナルを送ることができる。共謀相手が協調合意を裏切った場合、通常よりも大幅に値下げしたり、大幅に生産量を増やす意思を表明するタフ・シグナル（tough signal）か、共謀相手が協調合意を裏切った場合、通常よりも小幅な値下げをしたり、小幅に生産量を増やす意思を表明するソフト・シグナル（soft signal）である。

共謀相手にタフ・シグナルを送る戦略的行動の例としては、限界生産費用を下げる新規生産プロセスに投資することが挙げられる。限界費用を低下させた企業は、共謀相手が裏切りを開始したら、容易に値下げや増産で対抗できる。

共謀相手にソフト・シグナルを送る戦略的行動の例としては、共謀相手の製品と直接競合しないように自社製品をポジショニングすることが挙げられる。このようなポジショニングを行った企業は、共謀相手が裏切った場合、相手とは異なるポジションを持つ製品へ重点を移すことをほのめかしている。そうすれば、相手企業と共謀している市場において値下げや増産せずにすむ。

表**7.5**では、共謀相手と競争関係に陥った際に、主に価格に基づいて競争する場合と、主に生産量に基づいて競争する場合、それぞれにおいて共謀関係の維持に向けてタフ・シグナルを発する投資とソフト・シグナルを発する投資がもたらす戦略的帰結をまとめた。[注20]

　主に価格に基づいて競争することになる企業は、タフ・シグナルを発する投資を行うべきではない。このような投資を行う直接的メリットが何であれ、戦略的な影響はかなりネガティブである。この状況においてタフな投資を行うことは、ベルトラン型裏切りをするつもりだというシグナルを送ることになる。このようなシグナルを送った場合、共謀関係を維持することがきわめ

| 表7.5 | 共謀が価格における裏切りや生産量における裏切りの脅威を受けた場合においてソフトな戦略やタフな戦略がもたらす戦略的帰結 |

戦略のロジック	戦略的帰結	戦略の名称	例
価格に基づく裏切りが発生する可能性が高い場合			
タフな戦略に投資した場合、他社もタフな戦略に投資するようになる	価格競争を避けるためにタフな戦略への投資は控える	かわいい子犬作戦：攻撃的な姿勢をなるべく見せないようにすることで、他社の攻撃性を緩和する	ベン&ジェリーズによるフローズンヨーグルトへの投資の先送り
ソフトな戦略へ投資することにより、他社がタフな戦略に投資する可能性を低下させることができる	他社がタフな戦略に投資しないようソフトな戦略に投資する	太った猫効果：他社が脅威に感じない投資を積極的に行うことで、他社の攻撃性を緩和することができる	イケアによる組み立て式木製家具にしぼった投資
生産量に基づく裏切りが発生する可能性が高い場合			
タフな戦略に投資することにより、他社がソフトな戦略に投資するようになる	他社がタフな戦略に投資した場合、自社が攻撃的に反応することを示すためにタフな戦略に投資する	勝者による強気作戦：攻撃的戦略への投資を行うことで、他社が攻撃的行動をとった場合は積極的に報復するという脅しを効かせることができる	米国企業や日本企業が生産能力の増強を行わないよう、韓国のメモリーチップ製造会社が生産能力を増強する投資
ソフトな戦略に投資すれば、他社がタフな戦略に投資するようになる	自社が他社のタフな戦略の格好な標的であるという印象を与えないよう、ソフトな戦略への投資は控える	飢えた狼の顔つき作戦：攻撃的な戦略に投資する能力を蓄えることで、他社が攻撃的な投資をするインセンティブを低下させる	コンピュータ・プリンター業界における機会活用に必要な経営資源を確保するためにヒューレット・パッカードが行った電子計測器事業の会社分割

て難しくなる。したがって、このような状況に置かれた企業は、「タフ」な印象を与える投資よりも、なるべく攻撃的印象を与えないような行動をとるべきである。このような戦略は、パピー・ドッグ・プロイ（puppy-dog ploy、「かわいい子犬作戦」）と呼ばれることがある。かわいい子犬作戦をとった企業は、限界費用を下げる生産プロセスへの投資がコスト・リーダーシップにつながるとしても、暗黙的共謀を維持するために、そのような投資を行わない。

　かわいい子犬作戦を採用した企業の実例としては、スクリーンシェアリングやバーチャル会議などを専門とするクラウド技術プロバイダーのチームビューワー（TeamViewer）が挙げられる。チームビューワーのようなスタートアップ企業にとって、マイクロソフトやグーグル（Google）、フェイスブック（Facebook）などのIT最大手に対抗することは、賢明な判断とは言えなかった。しかし、チームビューワーがドイツのゲッピンゲンで設立された2005年当時、オンラインコミュニケーション市場はマイクロソフトのMSNメッセンジャーをはじめ、ICQ、AIM、スカイプなどのサービスが支配していた。

　そこで同社は、スクリーンシェアリングというニッチ市場に重点を置いたことで、TCP/IP技術という広く普及した技術を採用していながら、他の大手プレーヤーに目をつけられずに事業を展開することができた。その後10年にわたって、チームビューワーは着実に成長していき、パソコン・モバイル間の接続性、チャット機能、データシェアリング・ツール、ホワイトボード機能、議事録機能などを追加していった。ただし、同社の中核技術は創業時から一貫して、コンピュータを遠隔操作するリモートコントロール技術である。こうした中核技術から事業の焦点をずらさずに少しずつ機能を足していったことによって、チームビューワーは大手プレーヤーとの激しい競争を避けることができた。今日、チームビューワーは15億以上のデバイスに30カ国語でインストールされており、世界中で700人以上の従業員を抱えている。[注21]

　企業がタフ・シグナルに投資しないことは、ソフト・シグナルへ投資することと同義ではない。なぜなら、タフ・シグナルへの投資を選択しない企業は、そもそも自らの意思をシグナリングするような戦略的投資を一切行わない可能性があるからだ。

　一方、価格に基づく競争が行われる可能性が高い業界では、企業はソフト・シグナルに積極的に投資するべきである。ソフト・シグナルへの投資は、共謀相手に対して、「自分たちの業界で価格競争が生じることはない」という安心感を与える効果がある。この戦略を、「太った猫効果」と呼ぶ。この戦略を効果的に実行した企業は、これまで共謀を行ってきた市場において今後も攻撃的競争を行うつもりはなく、さも太ったふわふわの猫のようにふるまうと

いうシグナルを送ることができる。太った猫戦略を追求する企業は、共謀相手に脅威を与えないかたちで自社製品を差別化しようとする。

　たとえば、スウェーデン発祥の家具量販店であるイケア（IKEA）を考えてみてほしい。イケアは、家具業界のなかでも顧客自身で組み立てを行う木製家具の市場セグメントでかなりの存在感を誇る。家具業界のこのセグメントにおいてイケアが持つ高度な供給、製造、流通能力は、同社にとって大きな競争優位の源泉となっている。しかし、イケアが製品ラインを変更し、競争優位の範囲を伝統的布張り家具セグメントに広げようとすることはおそらくないだろう。もしイケアが競争の激しい布張り家具セグメントに大規模参入した場合、同セグメントの企業は、組み立て式木製家具セグメントに積極的に参入することが考えられる。そうなった場合、イケアはこのセグメントにおいて依然として競争優位を維持できるかもしれないが、収益性はおそらく減少するだろう。したがってイケアは、組み立て式木製家具セグメントにおける競合度を低く保つために、布張り家具セグメントにはあまり積極的には投資しないインセンティブを持つ。よって布張り家具市場に対しては、かわいい子犬作戦をとることが得策だ。

　ただし、イケアは布張り家具製品への投資を控えるだけでなく、マーケティング活動を通じて組み立て式木製家具の販売を行う企業として、自社の立場を積極的にアピールしている。しかもこうしたアピールを、布張り家具セグメントには持ち込むことができない方法で行っている。つまり、低コストで高品質かつ手軽な組み立て式木製家具を供給する企業としてのイケアの評判は、布張り家具セグメントにおいてはそう役立たない。その意味で、組み立て式木製家具にしぼってポジショニングを行うイケアのマーケティング活動は、布張り家具市場で活動する企業に脅威とは映らず、これは太った猫効果の一例である。[注22]

　一方、生産量に基づいて競争が行われる業界では、タフ・シグナルを送る投資がかなり有益な戦略的影響をもたらす可能性がある。この場合、企業は共謀相手に対し、１社でも裏切れば全員にとって大きな損になるということを印象づける必要がある。このような行動は、「勝者による強気作戦（top-dog strategy）」と呼ばれることがある。

　勝者による強気作戦をとった企業は、直接利益をもたらす投資でないとしても、たとえば生産能力の増強に積極投資をする。このような投資は、裏切り（共謀相手による同様の増産投資）が実際に起こる可能性を減らす効果を持つ。なぜならば、自社の増産投資は共謀が継続する可能性を高め、その業界の企業のパフォーマンスに好影響を与えるからである。

最後に、同じく業界内で生じる競争が生産量をめぐって進展する可能性が高い場合、共謀相手にソフト・シグナルを送るような投資は逆に相手の攻撃性を強め、共謀を持続しにくくする可能性がある。なぜなら、裏切りを目論んでいる共謀相手にとって、ソフトな投資を行う企業は格好の裏切り対象に見えてしまうからだ。したがってこの場合、企業はソフトな投資は行わず、「飢えた狼の顔つき（lean-and-hungry look）」を追求するべきである。

　ヒューレット・パッカード（HP）が電子計器事業を会社分割したことは、飢えた狼の顔つき戦略を追求した企業の好例と言える。HPは、コンピュータ事業、そして特にプリンター事業に重点をしぼることにより、業界において機会が浮上した際に、その機会をいつでも生かせるような経営資源をそろえた。[注23]コンピュータ・プリンター業界への参入を目論んでいる企業、または同業界で先鋭的な技術や製品ラインの追求を検討している企業は、この生まれ変わったHPの姿を見て、競争を挑むことをためらっただろう。その意味で、HPが経営の重点をしぼり、「飢えた狼」の様相を呈したこと（つまり、経営を合理化し、特定分野において積極的に事業展開すること）は、電子計器事業を分割しない場合に比べ、コンピュータ・プリンター業界の競合度を下げる効果があった。

　共謀の裏切りが発生する確率が高くなる業界属性は、いくつか確認されている。そのなかで特に重要なものを、**表7.6**に提示した。[注24]

　これらの業界属性は、その業界で共謀を追求する企業にとっての機会や脅威の大きさを決める要因と考えることができる。

表7.6｜暗黙的共謀の形成・維持を促進する業界属性

企業数の少なさ
製品の同質性
コストの同質性
価格リーダーの存在
業界の社会的構造
高い注文頻度と小さな注文規模
大規模な在庫や受注残
参入障壁

[企業数の少なさ]

　暗黙的共謀は、業界内の企業数が少ないほど成立しやすい。先ほど述べた
とおり、暗黙的共謀は、協調の意思を表明するシグナルの発信や解釈を通じ
て行われる。価格や生産量に関する直接的コミュニケーションは禁じられて
いるので、他社との調整は間接的かつ暗示的に行われなければならない。こ
のかたちで調整を行うためには、相手企業の行動を綿密にモニタリングする
必要がある。しかし業界内の企業数が多ければ、それだけ多くの企業の微妙
なシグナルをモニタリングし、解釈しなければならない。実際、業界内の企
業数が増えるごとに、モニタリングし維持しなければならない関係の数は幾
何級数的に増えていく。維持しなければならない関係や解釈しなければなら
ない微妙なシグナルが増えれば、シグナルの裏に隠れた意図を見極めるとい
う、ただでさえ難しい作業がさらに困難になり、暗黙的共謀を維持すること
が難しくなる。

　また、業界内の企業数が多くなると、1社による裏切りがあっても、それ
が共謀を続ける他企業に与える影響は小さくなる。もしも業界内に2社しか
存在しない場合（複占市場）に1社が値下げ（ベルトラン型の裏切り）をすれば、
裏切った企業の売上拡大は、相手企業の売上げに大きな影響（売上減少）をもた
らす。裏切られた企業はシェアを維持するために、自らも値下げを行うなど、
相手の裏切りに対抗する必要があり、両社の利益水準は急速にゼロへ向かう
だろう。このように、企業数が少なければ裏切りは両社に大きな損害を与え、
いずれの企業も暗黙的共謀をなるべく破らない傾向がある。

　しかし業界内に50社が存在するとしたら、そのなかの1社が値下げによる
裏切りを行っても、他の企業の売上げはあまり大きな影響を受けないため、そ
の裏切りは何の反応も呼ばないだろう。そうした個別の小さな裏切りに対し
て他の多数企業が反応しない場合、裏切りは起きやすい。要するに、業界内
の企業数が少ない場合は、他社との依存関係が各社にとって明らかであり、暗
黙的共謀は起きやすい。一方業界内の企業数が多い場合は、他社との依存関係
が相対的に見えづらくなり、暗黙的共謀は起きにくくなる。

　各国の規制当局も、共謀が起きやすい業界を特定するために、業界内の企
業数を指標にすることが多い。たとえばGEのある元幹部が、GEとデビアス
（DeBeers）が共謀によって産業用ダイヤモンド市場において値上げを行って

いると告発した際、6億ドル規模であるこの市場の80％以上をこの2社で支配している事実は、その元幹部の証言の信ぴょう性を高めた。それを受けて米国司法省は、ダイヤモンド市場において価格操作を行った疑いでGEを起訴した。しかし最終的に連邦裁判所が証拠不十分とし、その訴えは棄却された。(注25)

　米国連邦政府はこの他にも、業界内の企業数が少ないことを判断基準としてさまざまな独占禁止法上の取り締まりを行ってきた。たとえば、IBM（メインフレーム市場を支配）、AT＆T（長距離電話市場を支配）、マイクロソフト（パソコンのOS市場を支配）、そして最近の例としてはビザ（Visa）とマスターカード（MasterCard）（両社でクレジットカード市場を支配）などに対して独占禁止法上の訴えを起こしてきた。

　実際、共謀を行う企業の数と暗黙的共謀の実現可能性の間にはきわめて密接な関係があるため、多くの経済学者は寡占市場にしぼって共謀を研究している。ある研究では、共謀している企業の間で直接的コミュニケーションが行われているとされる、西欧諸国の政府公認の価格カルテルについて検証している。この研究によれば、この種のカルテルのうち、80％以上は10社以下の企業からなる業界において形成されているという。つまり、明示的共謀が可能な場合であっても、企業数の少なさは協力戦略の実行を有利にするのである。そして、企業数が少ないことは、暗黙的共謀の場合にはさらに重要な意味を持つ。一般に業界内の企業数が少ないことは、裏切りが発覚する可能性を高め、裏切りのメリットを小さくする。

　特定の地域で活動する企業の数と価格の関係を検証した最近の実証研究によれば、地域内で活動する企業の密度が高くなると価格が大きく増大することが明らかになった。たとえば、ガソリン小売業界では、地域内トップ3のガソリン小売業者が全ガソリンの60％を販売する市場では、トップ3のガソリン小売業者が50％を販売する市場に比べ、約5％価格が高くなることがわかった。これも、「競合の数が少なくなると暗黙的共謀が行いやすくなる」という理論を裏づける証拠である。(注26)

［ 製品の同質性 ］

　暗黙的共謀は、企業が同じような製品やサービスを販売する場合も起きやすくなる。(注27)一般に、他社が製品の特徴や性能を変更した場合よりも、価格を

変更した場合のほうが検知しやすい。共謀している企業は、価格は約束した
とおりに維持しながらも、製品の性能や品質を高めたり、サービス品質を高
めたりすることで共謀を破る場合がある。こうした製品差別化は相対的に検
知が難しいため、共謀を破るインセンティブが高まる。

　しかし、製品やサービスを差別化するコストが高い業界では、値下げによ
って競争するしか選択肢がなく、こうしたかたちで行われる裏切りは検知し
やすい。値下げによる裏切り（ベルトラン型裏切り）が発覚すれば、業界内のす
べての企業がかなり大きなマイナスの影響を受ける（利益水準がゼロになる）。
このように、製品やサービスが同質の業界では、共謀破りが発覚しやすく、裏
切りのメリットが小さい。

［ コストの同質性 ］

　経済的コストにおける同質性も、暗黙的共謀を行いやすくする。コストが
大きく異なる企業の間では、最適な生産量も大きく異なる可能性がある。な
ぜなら、利益を最大化させる製品やサービスの生産量は、一般に限界費用が
限界収益と同等になる水準だからである。したがって、企業間の限界費用が
大きく異なる場合は、最適生産量も異なる。このような差が存在すると、企
業が互いの利益を最大化させる生産水準の落としどころを見つけることが難
しくなる。この場合、暗黙的共謀を行ったとしても、各企業はそれを上回る
だけの裏切りのインセンティブを持つ。

　明示的共謀を行っているカルテルであるOPECが、概して生産量や価格の
規律を維持できてこなかったのも、加盟国間のコスト差が主要因であると考
えられている。OPECの加盟国間ではそれぞれの最適生産量が大きく異なる
ため、約束された水準を上回る生産が頻繁に行われる。[注28]

　協調する企業同士が似たようなコスト構造を持つ場合、互いが満足できる
生産水準を探すことが相対的に容易になる。したがって、暗黙的共謀が起き
やすくなる。

［ 価格リーダーの存在 ］

　業界内に価格リーダーが存在することも、暗黙的共謀の機会を生み出す業

界属性である。**価格リーダー**（price leader）とは、業界において、多くの企業が「受容できる」価格水準や利益マージンを設定する企業である。価格リーダーは一般に最大シェアを持つ企業であり、暗黙的共謀が持続するよう業界内の統制や規律の順守を図る。また、価格設定や利益マージンの変更に関する業界基準を定めることにより、業界内の協調関係を崩すことなく値上げや値下げを促進する役割も果たす。一般に価格リーダーは、スタッケルバーグ・リーダーと考えることができる。^(注29)

1950年代から1960年代にかけては、ゼネラルモーターズ（GM）が米国自動車業界において価格リーダーの役割を果たした。毎秋、新たな製品ラインや車種が発表される時期になると、GMは予定している値上げ率を公表した。それにフォード（Ford）やクライスラーが続き、GMが発表したのと同じぐらいの値上げを行うのが通例だった。しかし、日本やドイツの自動車メーカーが参入し（それによって、上に述べた少数の企業という要件を満たさなくなった）、米国自動車業界における強力なプレーヤーとなってからは、GMの価格リーダーとしての立場は崩れた。^(注30)

［ 業界の社会的構造 ］

業界の社会的構造も、暗黙的共謀の機会を生む要因である。**業界の社会的構造**（industry social structure）とは、多くの業界で醸成される、広く受容された企業行動や競争手段に関する規範である。こうした規範は一般に暗黙的であり、**業界文化**（industry culture）と呼ぶこともできる。

スペンダー（Spender）は、こうしたひとまとまりの規律や規範を**業界レシピ**（industry recipe）と呼び、企業行動に対して広範な影響を与える点を強調した。^(注31)その意味で、業界レシピは業界内の標準的行動原則、認められる競争手段、企業行動の規範などを定める重要な意味を持つ。企業がこうした規範や規律に反した場合、業界の習わしを破るという重大な違反を犯したことになる。

業界の社会的構造を形成する要因としては、複数の要素が互いに連動して作用する。業界によっては、発展の初期段階では1つや2つの企業がきわめて大きな市場シェアを確保し、業界の支配的な地位を築く。そのため、業界内のほとんどのマネジャーが、そうした一部の支配的企業で初期の訓練やキャリアを積むことになる。よって、その支配的企業のカルチャーが業界全体

のカルチャーを左右するようになり、業界内で受容される競争手段には、支配的企業において社員に期待されていた行動が反映されるようになる。こうした業界内の規律は、支配的企業がシェア・リーダーとしての地位を失ってからも、長らく持続する傾向にある。

　また、同じ地理的範囲で活動する企業のマネジャーは、慈善イベントや会員制クラブなど社交の場で顔を合わせる機会が多い。こうした社交の場でのやりとりは、受容可能な競争手段に関して互いに期待し合う関係や、共謀を検討している企業間で信頼を醸成することにつながる可能性がある。他にも業界団体の全体会議など、業界内のマネジャー間の社会的交流は、業界レシピを形成する要因となる。

　実際の発展過程がどうであれ、こうした社会的規律は、その業界内で認められない競争手段を定めることで暗黙的共謀の形成を促進する。つまり、競合度を高めるような競争手段が業界文化として禁じられていれば、暗黙的共謀は行いやすくなる。

　1980年代にメジャーリーグベースボールの球団オーナー間で行われた共謀が、業界の社会的構造によって促進されたものだったという証拠は数多く存在する。北米全体にわたって存在するメジャーリーグの各球団は、すべて独立したオーナーによって経営されている。しかし、各球団オーナーは試合の日程や共通ルールの策定などの運営基準を定めるにあたり、リーグ全体で協力することが求められる。当時のメジャーリーグでは、こうした合法的協力と並行して、どうやらフリーエージェントの獲得競争において馴れ合いが発生していたようである。具体的には、1989年を目途に、各球団が選手に支払う年俸総額を現状のチーム収益の38％から31％まで減らすという合意が行われた。^{（注32）}1990年には仲裁人の調査により、メジャーリーグの球団オーナーが共謀を行い、選手会との労働協約に違反したという結論が出た。球団オーナーは1億250万ドルの罰金を課され、現在は、選手の年俸は平均してチーム収益の40％以上の水準に達している。

[　高い注文頻度と小さな注文規模　]

　共謀を維持することの機会費用が高い場合、企業が共謀を破るインセンティブは高くなる。たとえば共謀関係にある企業が、ある重要な顧客層に対し

て製品を供給するべく、非常に大型の契約獲得を目指しているとしよう。また、この契約を獲得すれば、今後数年にわたって更新される見込みがある。したがって契約獲得に成功すれば、その企業は今後数年にわたって、自社製品に対する安定して収益性の見込める需要を確保できる。反対に契約を獲得できなければ、業界の需要水準や暗黙的共謀を守ることへの他社の意欲など、不確実性の高い要素に自社の収益性が依存することになる。さらに、この安定した供給契約を獲得する機会は20年に一度しか訪れないとする。この場合、企業は共謀を破ってでも安定した供給契約を確保しようとするだろう。

受注機会が稀な大型注文が行われる傾向にある業界の例は、いくつも存在する。軍用機の製造業界では、大型契約の受注に失敗した際の余波は10年から15年続くとされる。(注33)商業用航空機の製造業界では、ある企業が大型の注文を受けると、業界内の他の企業に大きな影響を与える。これらの業界が、企業数が少ないにもかかわらず共謀が続かない傾向にあるのは、こうした受注機会の稀な大型注文をめぐり、競合度の高い状況が生み出されているからである。

[大規模な在庫や受注残]

在庫を蓄えたり、受注残を生み出したりする能力も、暗黙的共謀を促進する要因である。(注34)在庫や受注残は、企業と外部環境の間にバッファーを築く効果を持つ。こうしたバッファーを築いた企業は、市場環境に変化があるたびに生産量や価格設定を変えなくてすむようになる。需要が減少した場合は値下げをせず、生産した製品を在庫にし、その後に在庫から製品を販売することができる。需要が増大した場合は値上げをせず、受注残を蓄えることができる。したがって、在庫や受注残によって生み出されたバッファーは生産量や価格を一定に保つことを可能にし、暗黙的共謀を維持しやすくする。

業界によっては、在庫を蓄えることが技術的に不可能であったり、受注残では顧客を満足させられないという事情が存在する。たとえば、生鮮果物業界では、在庫を蓄えることが仕損費の増大につながりやすい。仕損品を生み出さないようにするには、需要の減少や供給の過多が予想される場合、価格を調整しなければならない。こうした激しい価格変動は業界の価格・生産量構造を不安定にし、暗黙的共謀の維持を困難にする。

[参入障壁]

　表7.6に挙げた業界属性は、いずれもその業界における暗黙的共謀の可能
性に影響を与える。なかでも暗黙的共謀の実行にあたって最も重要なのは、参
入障壁の存在である。参入障壁がない場合、暗黙的共謀によって期待できる
利益が、業界参入へのインセンティブとなる。新規参入者の増加は、表7.6に
挙げた暗黙的共謀を促進する業界属性をそれぞれ減退させる。

　まず、新規参入は業界内の企業数を増やす。また、新規参入は、製品の異
質性を生み出せば(新規参入者が新製品を導入することにより)、コストの異質性
も生み出す(新規参入者は共謀を行っている既存企業とコスト構造が異なる場合
が多いため)。さらに新規参入者は価格リーダーを無視する傾向があり、業界
の社会的構造に組み込まれないことが多い。また新規参入者は、注文量の大
小にかかわらず、あらゆる契約の受注競争に参画し、顧客を満足させるため
になるべく受注残と在庫を減らし、厳しい価格競争を展開する。

　全体的に見て、新規参入者は、本来ならば波風の立たない平穏な業界をか
き乱す存在と考えられる。そんな新規参入者の脅威を減らすために、共謀企
業は参入障壁を築いて自分たちを守らなければならない。

◉共謀戦略の希少性と模倣困難性

　一見すると、暗黙的共謀の戦略は、第2章(上巻)で紹介した持続的競争優位
の条件である希少性を満たさないように思える。なぜなら、ある戦略に希少
性があるという場合、その実行を可能にする経営資源を持つ企業が、業界内
にごく少数しか存在しない状態を指すように思われるからだ。しかし、暗黙
的共謀を成功させるためには、業界内の全社、あるいは少なくとも業界内の
大多数の企業が関わっている必要がある。業界内の全社が実行している戦略
が「希少」であるとは、どのような状況を指すのだろうか。

　この問いへの答えは、表7.6に挙げた1つ目の要件、「企業数が少ない」に隠
されている。すでに業界に属している既存企業にとって、共謀戦略は希少で
はない。しかし、暗黙的共謀を行うためには業界内の既存企業数が少ない必
要がある。したがって、既存企業と潜在的参入者を合わせた視点から見れば、
共謀戦略は希少である。潜在的参入者を含めて考えた場合、そのなかの多く

の企業が同時に共謀の実行に成功する状況は考えにくい。したがって、共謀戦略が経済的利益を生むための条件は、こうした広い視点から業界をとらえた場合に希少性を持つことである。

　また暗黙的共謀は、持続的競争優位の第2の条件である模倣困難性にも反するように思える。暗黙的共謀が成功するためには、業界内で共謀にまだ参加していない企業が、これから参加するにあたってけっしてコスト劣位にならないことが条件である。共謀に参加していない既存企業が参加する際のコストが高ければ、業界内の共謀関係は成立せず、共謀によって本来得られるはずの経済的利益は失われる。したがってこの場合、模倣コストの高い戦略は、持続的競争優位の獲得機会を減退させるように思われる。

　しかしこの場合も、潜在的参入者の存在を考慮した分析を行うことで、この一見矛盾した状況を解消できる。つまり、共謀が行われている業界では、すべての既存企業が同じ戦略を追求しているので、各企業が保有する経営資源の模倣困難性は、業界全体の参入障壁の高さと同等である。また暗黙的共謀を成功させる前提として、業界には高い参入障壁が存在しなければならない。

　以上により、既存企業だけでなく潜在的参入者も含めた分析を行った場合、第2章で紹介したVRIOフレームワークは暗黙的共謀にも妥当する。暗黙的共謀の場合、「企業数が少ない」という属性は希少性の条件に相当し、「参入障壁」が存在するという属性は模倣困難性の条件に相当する。

●──暗黙的共謀の実行に向けた組織体制の構築

到達目標 7.4
共謀戦略ならではの組織体制上の課題を2つ挙げ、
説明できるようになる。

　どの戦略もそうであるように、暗黙的共謀の潜在的リターンを実現できるか否かは、戦略に適した組織体制を築くことにかかっている。そしてこの戦略を追求する企業にこそ求められる組織構造、管理システム、報酬政策がある。また、こうした一般的な組織体制のカテゴリーの他にも、暗黙的共謀ならではの組織体制上の重要課題が2つある。それは組織の効率性の維持と組織

の規律の維持である。

◉組織の効率性

暗黙的共謀を行っている企業が直面する最も重要な組織体制上の課題の1つは、事業運営の効率性を維持することである。企業は競争的条件の下では人員や間接コストを最小限に抑え、戦略的重要度の低い支出をなるべく削減しなければならない。こうした競争的圧力は、合理的で効率性の高い組織体制を生む。そうした体制を築けていない企業は、組織を変革するか、より効率性の高い企業によって倒産に追い込まれるかのどちらかである。

一方、暗黙的共謀の下では、効率的組織体制を維持することへの競争的圧力が相対的に低くなる。それどころか、暗黙的共謀を通して利益を獲得するうえでは、コストを限界まで切り詰めたり、製品を可能な限り差別化したりしないことが重要である。こうした競争的行動は、製品の異質性、競合度の上昇、価格競争などを生み出すことで、特に、暗黙的共謀を維持しにくくする。共謀を行っている企業は、こうした競争的状況の発生を防ぐために、事業運営の効率性や効果を意図的に低下させる場合すらある。効率や効果を下げたとしても暗黙的共謀が続いており、参入障壁が存在する限り、企業にとって問題とはならない。しかし、共謀関係が崩れたり、新規参入が起こったりすれば、企業は効率性が低下した状態で厳しい競争にさらされることになる。

一般に共謀関係は簡単に崩れる傾向にあり、また崩れた際には新規参入の脅威にさらされることを考慮すると、共謀を行っていてもなるべく組織の効率性を維持することが得策だと言える。つまり、実際には競争的環境に置かれていないにしても、競争的環境に置かれている前提で活動すべきである。もちろん暗黙的共謀の制約により、組織の効率性を維持することは難しくなる。また、共謀を行っている状況下で効率性を向上させるには大きなコストがかかり、短期的には利益もやや減少する可能性がある。しかし、共謀関係が将来崩れる可能性を考慮すれば、迅速に効率的な組織に移行する能力を確保しておくことは、短期のマイナスを打ち消すだけのメリットがあるに違いない。

暗黙的共謀、明示的共謀、独占企業について検証した研究によれば、この種の企業はほとんどの場合、高い効率性を維持できないことが示されている。

この種の企業は、幹部が多すぎる傾向にあり、官僚主義的でリスク回避志向になり、高級なオフィスビルなどに過剰に投資する傾向にある。

したがって、振り返ってみれば、暗黙的共謀を追求したことが自滅への第一歩となったケースも多い。企業は、暗黙的共謀を行うなかで効率性が低下していけば、効率性の高い潜在的参入者にとって魅力的な獲物になっていく。こうした傾向が続けば、既存企業に取って代わるコストがきわめて低くなり、業界に高い参入障壁が築かれているにもかかわらず、新規参入が起きる可能性は高まる。^{（注35）}

●組織の規律

暗黙的共謀を行っている企業にとって、もう1つの大きな組織体制上の課題は組織の規律の維持である。暗黙的共謀の追求にコミットした企業は、必ずと言っていいほど、その戦略を維持する意志が競合によって試される。

たとえば、GEが蒸気タービン業界において価格競争に応じないというシグナリングを行った際、ウェスティングハウス・エレクトリック（当時の最有力の競合）はすかさず値下げを発表した。この時ウェスティングハウスは、GEが共謀戦略の維持にどれだけ強い意志を持っているかを試していた。結果的にGEは値下げを行ったが、同時に顧客がすでに購入していた製品に対して大規模なリベート（値下げ後の価格との差分を返金）を行った。この行動は、GEが価格の安定に強くコミットしていることを示した。ほどなくしてウェスティングハウスは、GEがもともと設定していた価格まで値上げし、蒸気タービン業界ではその後15年間にわたって価格の安定が続いた。^{（注36）}

価格や生産量を一定に保つことへの意志は必ず試されることから、暗黙的共謀を追求する企業は、とりわけ高度な規律を身につける必要がある。明確なビジョンを持ち、競合によって戦略へのコミットメントを試されても、競争的行動をとらないだけの規律を持った企業でない限り、暗黙的共謀を成功させることはできない。したがって、経営管理システムや報酬政策の面においても、組織的な規律に資するようなシステムが導入されている必要がある。

本章の要約 Summary

　これまで検討してきた事業戦略は、企業が、価値を有し、希少な経営資源やケイパビリティを活用し、特定の業界や市場でいかに競争を成功させるかという点に着目していた。本章で検討したのは、これとは異なるアプローチで利益獲得を目指す戦略である。つまり、他社と共謀を行うことにより、業界や市場の競合度を下げるという戦略である。

　共謀とは、企業が協調を通して業界内の競合度を下げる行為である。ただし、企業間の協調関係が存在するからといって、必ず共謀が行われているとは限らない。

　共謀の形態としては、企業と企業が直接交渉して共謀関係を築く明示的共謀と、競合度の緩和に向けて協調的意思を発信するシグナリングを通して共謀関係を築く暗黙的共謀がある。明示的共謀はほとんどの先進国において違法である。暗黙的共謀も違法になる場合がある。

　共謀は、需要を下回る水準まで供給を低下させることにより、経済的利益をもたらす。また、共謀には参入障壁を高めたり、競合度を緩和させたりするなど、業界内企業にとっての競争環境を改善させる効果もある。

　企業は、共謀を行うことへの強いインセンティブを持つが、いったん共謀関係が結ばれると、今度はそれを破ることへの強いインセンティブも持つようになる。共謀関係の「裏切り」には、ベルトラン型裏切り、クールノー型裏切り、スタッケルバーグ型裏切りなどさまざまな形態があり、それぞれの形態によって共謀関係が崩れた後に予想される業界の利益水準は異なる。価格に基づいた裏切り（ベルトラン型）が起きた場合は、業界内のすべての企業の利益はゼロになる。生産量に基づいた裏切り（クールノー型）が起きた場合は、一定の利益は維持されるが、共謀関係を維持した場合よりは利益水準が低下する。

　暗黙的共謀を維持することが一般にきわめて難しい原因の1つは、共謀の意思を示すシグナルの解釈が難しいからである。企業は自社が裏切りを行った場合に、他社が報復行為に出る可能性が高いかどうかをその他社の行動に基づいて判断することにより、他社が発したシグナルをある程度は理解することができる。暗黙的共謀の持続性を判断するもう1つの方法は、業界内の企業の数や参入障壁の有無など、業界の属性を見ることである。

共謀戦略の実行に向けた組織体制を築くうえでは、この戦略ならではの問題が2つ発生する。すなわち、競合の脅威を減退させた後においても、いかに効率的で適切な経営管理を維持するか、また共謀へのコミットメントを他社に試される可能性が高いなかで、いかに規律を維持して共謀戦略を実行していくかである。

チャレンジ問題 Challenge Questions

7.1　共謀は一般に2社以上の企業の間で行われるものだが、市場全体に対してはどのような影響をもたらすと考えられるか。

7.2　現代の市場において、企業は高いパフォーマンスを求める圧力を受けており、共謀を裏切る誘惑が強い。一方、共謀を行う動機としては、株主の要求が高いこと、業界内の競合度が高いこと、あるいは単なる強欲などがある。現代の市場において、共謀の裏切りが発覚する可能性は高くなっていると言えるだろうか。また共謀関係の裏切りが発生する可能性を低下させる業界属性としてはどのようなものがあるだろうか。

7.3　暗黙的共謀を成功させるためには、業界内のすべての企業が関わっている必要があるという条件は、ある意味で第4章で紹介した持続的競争優位の獲得に向けた希少性や模倣困難性の条件に反していると思われる。この一見矛盾していて非成立に見える2つの条件を成立させることは可能か。「可能である」と答えた場合は、それがいかにして可能かを述べよ。「可能でない」と答えた場合は、なぜ可能でないかを述べよ。

7.4　通常の競争環境においては、事業効率を高めることが企業にとって最も重要な課題の1つである。しかし、暗黙的共謀が行われている状況では、事業の効率性を確保する必要がなくなる。この場合企業のマネジャーは、自社の機能性や収益性を維持するうえでは暗黙的共謀に依存し、適切な管理構造を維持することを怠る誘惑にかられる。しかし、実際には共謀の状況下でも適切な管理構造を維持することが重要である。こうした矛盾は、いかにして説明することができるか。

7.5　本章のオープニングケースでは、具体的な戦略的問いを立てた。自分があの既存のガソリンスタンドの所有者だった場合、ガソリンの値上げを行うか。根拠とともに自らの考えを述べよ。

7.6　業界の特徴と共謀関係の発展の間にはどのような関係が存在するか。

7.7　暗黙的共謀に適した組織体制を築いた企業の弱点は何か。

1　npr.org/sections/thesalt/2014/03/10/288570744/what-pepsican-teach-us-about-soft-drink-dominance-in Russia を参照。コカ・コーラの西欧における市場支配力がきわめて高くなったことを受け、2005年にはEUがコカ・コーラの市場シェアを減少させるための規制を導入した。www.beveragedaily.com/Manufacturers/ED-curbs-Coca-Cola-market-dominance を参照。

2　Porter., M. E. (1979). "General Electric vs. Westinghouse in Large Turbine Generators (A)" (Harvard Business School Case no. 9-380-128) を参照。

3　www.thebalance.com/opec-oil-embargo-causes-and-effects-3365806.

4　Hirshleifer, J. (1980). Price Theory and its Applications. Upper Saddle River, NJ: Prentice Hall; Demsetz, H. (1973). "Industry Structure, Market Rivalry, and Public Policy." *Journal of Law and Economics* 16: 1–9 を参照。

5　AN 7 plus: bbc.co.uk/2/hi/business/7132108.stm and mentalfloss.com/article/22843/5-brazen-examples-price-fixing.

6　Porter, M. E. (1980). *Competitive Strategy*. NY: Free Press（邦訳『競争の戦略(新訂)』土岐坤ほか訳、ダイヤモンド社、1995年）

7　www.jonesday.com/files/Publication/U.S. v Gunnison PDF.

8　Anton, J., and D. Yao (1995). "Standard Setting Consortia, Antitrust, and High Technology Industries;." *Antitrust Law Journal* 64(1): 247–265.

9　Grossman, G., and E. Hellpman (1994). "Protection for Sale." *American Economic Review*, 84: 833–850.

10　Besanko, D., and R. Braeutigam (2014). Microeconomics. 5th ed. NY: Wiley.

11　近年においては、原油価格と代替エネルギーの間にこれまで存在していた関係が逆転している。原油価格の低迷を受け、石油会社は自らの石油製品に対する代替として代替エネルギーへの投資を増やしている。www.mottmac.com/views/will-the-falling-oil-price-boos-the-renewable-energy-market を参照。

12　こうした分析を一般化し、差別化された製品についても同じことが言える。Tirole, J. (1988). *The Theory of Industrial Organization* (Cambridge, MA: MIT Press) を参照。

13　Bertrand, J. (1883). "Theorie mathematique de la richesse sociale." *Journal des Savants* 499–508.

14　Cournot, A. (1838). *Recherches sur les principes mathématiques de la théorie des richesses*. 英語版は、Bacon, N. (1897). *Researches into the Mathematical Principles of the Theory of Wealth*. (London: Macmillan) である。ベルトランとクールノーは共にいわゆる「デッド・エコノミスト」（dead economists。近代経済学の発展に寄与した一群の経済学者）の典型である。

15　Edgeworth, F. (1897). "La teoria pura del monopolio." *Giornale degli Economisti* 40: 13–31; 上記

の英訳としては、Edgeworth, F. (1925). "The pure theory of monopoly." in *Papers Relating to Political Economy* 1 がある。

16　von Stackelberg, H. (1934). *Marktform und Gleichgewicht.* (Vienna: Julius Springer).

17　製品が差別化されている場合におけるベルトラン型裏切りとクールノー型裏切りについては、Hall, R., L. and C. J. Hitch (1939). "Price Theory and Business Behavior." *Oxford Economic Papers* 2. 1245; Sweezy, P. M. (1939). "Demand under Conditions of Oligopoly." *Journal of Political Economy* 45. 568–573; およびHotelling, H. (1929). "Stability in Competition." *Economic Journal* 39: 41–57 を参照。裏切りが発覚するまでにタイムラグがある場合については、Tirole, J. (1988). *The Theory of Industrial Organization* を参照。複数市場において同時に競合関係にある場合については、Bernheim, R. D., and M. D. Whinston (1990). "Multimarket Contact and Collusive Behavior." *Rand Journal of Economics* 12: 605–617を参照。価格や生産量における裏切りを他社が認識できない場合については、Green, E. J., and R. H. Porter (1984). "Non-cooperative Collusion under Imperfect Price Information." *Econometrica* 52: 87–100を参照。価格設定を素早く変更できない場合については、Maskin, E., and J. Tirole (1988). "A Theory of Dynamic Oligopoly." *Econometrica* 56: 549–600; およびEaton, J., and M. Engers (1987). "International Price Competition." (mimeograph, University of Virginia) を参照。報復行為をしない評判がある場合については、Ortega- Reichert, A. (1967). "Models for Competitive Bidding under Uncertainty." (未刊行の博士論文, Stanford University) を参照。

18　Scherer, F. M. (1980). *Industrial Market Structure and Economic Performance.* (Boston: Houghton Mifflin) 共謀の意思を表明するいくつかのシグナルについては、この文献以降に議論された。

19　Porter, M. E. (1979). "General Electric vs. Westinghouse in Large Turbine Generators (A)" を参照。

20　このような分析が最初に提唱されたのは以下の文献である。Fudenberg, D., and J. Tirole (1984). "The Fat Cat Effect, the Puppy Dog Ploy, and the Lean and Hungry Look." *American Economic Review* 74 : 361–366.

21　TeamViewer (2017). "A Brief History of TeamViewer." https://www.teamviewer.com/en/company/; "TeamViewer's Features in Detail," https://www.teamviewer.com/en/features/; C. Busse and M. Hagler (2016)."Das ist eine richtige schwabische Geschichte." http://www.sueddeutsche.de/digital/teamviewer-das-einhorn-aus-goeppingen-1.2944176-2.

22　"It's the IKEA Way or No Way." *Discount Merchandiser* (1999). 39, no. 1: 51–53を参照。

23　Nee, E. (1999). "Lew Platt: Why I Dismembered HP." *Fortune*, March 29, 167–170を参照。

24　Scherer., F. M. (1980). *Industrial Market Structure and Economic Performance.*

25　Schiller, Z. (1992). "Diamonds and Dirt." *Businessweek*, August 10, 20–23; Schiller, Z. (1992). "This Diamond Case Had Too Many Flaws." *Businessweek*, December 19, 34; およびDonoho, R. (1992). "GE Off Hook in Price-Fix case." *Sales and Marketing Management* 147: 11を参照。

26　価格協定カルテルが、企業数が少ない場合にあらわれるという関係を示した研究結果については、Edwards, C. D. (1964). *Cartelization in Western Europe.* (Washington, DC: U.S. Department of

State, Government Printing Office); Hay, G. A., and D. Kelly (1974). "An Empirical Survey of Price Fixing Conspiracies." *Journal of Law and Economics* 17: 13–38で紹介されている。市場密度と価格の関係についての研究は、以下において文献レビューが行われている。Weiss, L. ed. (1989). *Concentration and Price.* (Cambridge, MA: MIT Press)。また、Schmalansee. R. "Studies of Structure and Performance."は、Schmalansee, R., and R. Willig, eds. (1989). *The Handbook of Industrial Organization.* (Amsterdam: North-Holland)でレビューされている。

27　Scherer, F. M. (1980). *Industrial Market Structure and Economic Performance.*

28　El Mallakh, R. (1982). *OPEC: Twenty Years and Beyond.* (Boulder, CO: Westview Press).

29　Markham, J. W. (1951). "The Nature and Significance of Price Leadership." *American Economic Review* 41: 891–905; Scherer, F. M. (1980). *Industrial Market Structure and Economic Performance*; およびvon Stackelberg, H. (1934). *Marktform und Gleichgewicht*を参照。

30　White, L. J. (1971). *The American Automobile Industry Since 1945* (Cambridge, MA: Harvard University Press).

31　Spender, J. C. (1989). *Industry Recipes: An Enquiry into the Nature and Sources of Managerial Judgment* (New York: Blackwell).

32　Berstein, A. (1990). "The Baseball Owners Get Beaned." *Businessweek*. October 15, p. 122.

33　Schine, E. (1991). "Northrop's Biggest Foe May Have Been Its Past." *Businessweek*. May 6, pp. 30–31; およびCole, J. (1992). "Rising Turbulence: Boeing's Dominance of Aircraft Industry Is Beginning To Erode". *Wall Street Journal.* July 10, A1 を参照。

34　Scherer, F. M. (1980). *Industrial Market Structure and Economic Performance.*

35　Jandik, T., and A. Makhija (2005). "Can Diversification Create Value? Evidence from the Electric Utility Industry." *Financial Management*, 34(1): 61–93; およびPalmer, K. (1991). "Diversification by Regulated Monopolies and Incentives for Cost Reducing R&D." *American Economic Review*, 81(2): 266–270を参照。

36　Porter, M. E. (1979). "General Electric vs. Westinghouse in Large Turbine Generators (A)" を参照。

| | $\sigma\sqrt{T}$ | | | | | | | |
	0.05	0.10	0.15	0.20	0.25	0.30	0.35	0.40
0.50	*	*	*	*	0.0003	0.0015	0.0044	0.0094
0.60	*	*	*	0.0040	0.0024	0.0070	0.0144	0.0243
0.70	*	*	0.0005	0.0035	0.0103	0.0204	0.0333	0.0482
0.75	*	0.0001	0.0018	0.0077	0.0178	0.0310	0.0463	0.0632
0.80	*	0.0005	0.0050	0.0148	0.0283	0.0442	0.0615	0.0799
0.82	*	0.0010	0.0072	0.0186	0.0334	0.0502	0.0682	0.0870
0.84	*	0.0018	0.0099	0.0230	0.0390	0.0566	0.0752	0.0943
0.86	*	0.0031	0.0133	0.0280	0.0450	0.0633	0.0824	0.1019
0.88	0.0001	0.0051	0.0175	0.0336	0.0516	0.0705	0.0899	0.1096
0.90	0.0003	0.0079	0.0225	0.0399	0.0586	0.0779	0.0976	0.1175
0.92	0.0010	0.0118	0.0283	0.0467	0.0660	0.0857	0.1055	0.1255
0.94	0.0027	0.0169	0.0349	0.0542	0.0738	0.0937	0.1136	0.1336
0.96	0.0060	0.0232	0.0424	0.0622	0.0821	0.1020	0.1219	0.1418
0.98	0.0116	0.0309	0.0507	0.0707	0.0906	0.1105	0.1304	0.1501
1.00	0.0199	0.0399	0.0598	0.0797	0.0995	0.1192	0.1389	0.1585
1.02	0.0311	0.0501	0.0695	0.0891	0.1086	0.1281	0.1476	0.1670
1.04	0.0445	0.0613	0.0799	0.0988	0.1180	0.1372	0.1563	0.1754
1.06	0.0595	0.0734	0.0907	0.1090	0.1276	0.1463	0.1651	0.1839
1.08	0.0754	0.0863	0.1020	0.1193	0.1373	0.1556	0.1740	0.1925
1.10	0.0914	0.0996	0.1136	0.1299	0.1472	0.1649	0.1829	0.2010
1.12	0.1073	0.1132	0.1255	0.1407	0.1572	0.1743	0.1918	0.2095
1.14	0.1229	0.1270	0.1376	0.1516	0.1672	0.1837	0.2007	0.2018
1.16	0.1380	0.1407	0.1497	0.1626	0.1773	0.1932	0.2096	0.2264
1.18	0.1525	0.1544	0.1619	0.1736	0.1874	0.2026	0.2185	0.2349
1.20	0.1667	0.1679	0.1741	0.1846	0.1975	0.2120	0.2273	0.2432
1.25	0.2000	0.2004	0.2040	0.2119	0.2227	0.2353	0.2492	0.26398
1.30	0.2308	0.2309	0.2329	0.2385	0.2473	0.2583	0.2707	0.2841
1.35	0.2593	0.2593	0.2604	0.2643	0.2713	0.2806	0.2916	0.3039
1.40	0.2857	0.2857	0.2863	0.2889	0.2994	0.3023	0.3120	0.3230
1.45	0.3103	0.3103	0.3106	0.3124	0.3166	0.3232	0.3316	0.3416
1.50	0.3333	0.3333	0.3335	0.3346	0.3378	0.3432	0.3506	0.3595
1.75	0.4286	0.4286	0.4286	0.4287	0.4294	0.4313	0.4347	0.4395
2.00	0.5000	0.5000	0.5000	0.5000	0.5001	0.5007	0.5022	0.5047
2.50	0.6000	0.6000	0.6000	0.6000	0.6000	0.6001	0.6003	0.6009

NPVq

$\sigma\sqrt{T}$

0.45	0.50	0.55	0.60	0.65	0.70	0.75	0.80
0.0167	0.0261	0.0375	0.0506	0.0651	0.0808	0.0976	0.1151
0.0366	0.0506	0.0661	0.0827	0.1003	0.1185	0.1373	0.1565
0.0645	0.0820	0.1003	0.1191	0.1384	0.1580	0.1778	0.1977
0.0810	0.0997	0.1188	0.1383	0.1580	0.1779	0.1978	0.2178
0.0989	0.1183	0.1380	0.1578	0.1777	0.1977	0.2176	0.2374
0.1063	0.1259	0.1457	0.1657	0.1856	0.2055	0.2254	0.2452
0.1139	0.1337	0.1536	0.1735	0.1935	0.2133	0.2331	0.2528
0.1216	0.1415	0.1614	0.1814	0.2013	0.2211	0.2408	0.2604
0.1295	0.1494	0.1693	0.1892	0.2091	0.2288	0.2484	0.2679
0.1374	0.1573	0.1772	0.1971	0.2168	0.2364	0.2559	0.2752
0.1454	0.1653	0.1852	0.2049	0.2245	0.2440	0.2634	0.2825
0.1535	0.1733	0.1931	0.2127	0.2322	0.2515	0.2707	0.2898
0.1616	0.1813	0.2010	0.2204	0.2398	0.2590	0.2780	0.2969
0.1698	0.1894	0.2088	0.2282	0.2473	0.2664	0.2852	0.3039
0.1780	0.1974	0.2167	0.2358	0.2548	0.2737	0.2923	0.3108
0.1862	0.2054	0.2245	0.2434	0.2622	0.2809	0.2994	0.3177
0.1945	0.2134	0.2323	0.2510	0.2696	0.2880	0.3063	0.3244
0.2027	0.2214	0.2400	0.2585	0.2769	0.2951	0.3132	0.3311
0.2109	0.2293	0.2477	0.2659	0.2841	0.3021	0.3200	0.3377
0.2191	0.2372	0.2553	0.2733	0.2912	0.3091	0.3267	0.3442
0.2273	0.2451	0.2629	0.2806	0.2983	0.3158	0.3333	0.3506
0.2354	0.2529	0.2704	0.2878	0.3052	0.3226	0.3398	0.3569
0.2435	0.2606	0.2778	0.2950	0.3121	0.3292	0.3462	0.3631
0.2515	0.2683	0.2852	0.3021	0.3190	0.3358	0.3525	0.3692
0.2595	0.2759	0.2925	0.3091	0.3257	0.3423	0.3588	0.3722
0.2791	0.2946	0.3104	0.3262	0.3422	0.3581	0.3741	0.3900
0.2983	0.3129	0.3278	0.3429	0.3582	0.3735	0.3888	0.4042
0.3169	0.3306	0.3447	0.3591	0.3736	0.3883	0.4031	0.4178
0.3351	0.3478	0.3611	0.3747	0.3886	0.4026	0.4168	0.4310
0.3526	0.3645	0.3769	0.3898	0.4030	0.4165	0.4301	0.4438
0.3696	0.3806	0.3923	0.4044	0.4170	0.4298	0.4429	0.4561
0.4457	0.4530	0.4613	0.4703	0.4799	0.4900	0.5005	0.5112
0.5083	0.5131	0.5188	0.5553	0.5326	0.5404	0.5488	0.5575
0.6021	0.6041	0.6067	0.6101	0.6142	0.6190	0.6243	0.6301

人名索引

企業・組織名索引

事項索引

210

著者

ジェイ B. バーニー
Jay B.Barney

ユタ大学経営大学院教授。エール大学で博士号を取得後、オハイオ州立大学経営学部フィッシャー・ビジネススクール企業戦略バンク・ワン・チェアーシップ教授などを経て、現職。経営戦略領域におけるリソース・ベースト・ビュー発展の原動力となった戦略理論家。1996年にはアメリカ経営学会の経営政策・戦略部会会長を務めた。経営学のトップジャーナルAMR、AMJ、AME、SMJ等に50を超える掲載論文。

ウィリアム S. ヘスタリー
William S. Hesterly

ユタ大学経営大学院教授。セオリー Zで知られるUCLAオオウチ教授の下で博士号を取得。専門は組織・戦略論。

訳者

岡田正大
Masahiro Okada

慶應義塾大学大学院経営管理研究科(慶應ビジネススクール)教授。早稲田大学政治経済学部政治学科卒。1985年本田技研工業㈱に入社。その後、慶應義塾大学にて経営学修士取得。Arthur D. Little(Japan)を経て、米Muse Associates社フェロー。1999年オハイオ州立大学バーニー教授の下で経営学博士号を取得し、慶應義塾大学大学院経営管理研究科准教授などを経て現職。

［新版］企業戦略論【中】事業戦略編
──戦略経営と競争優位─

2021年12月7日　　第1刷発行
2024年4月1日　　第2刷発行

著　者──ジェイ B. バーニー、ウィリアム S. ヘスタリー
訳　者──岡田正大
発行所──ダイヤモンド社
　　　　　〒150-8409　東京都渋谷区神宮前6-12-17
　　　　　https://www.diamond.co.jp/
　　　　　電話／03-5778-7228（編集）　03-5778-7240（販売）
装丁────竹内雄二
翻訳協力──森本伶
校正────朝日明美
製作進行──ダイヤモンド・グラフィック社
印刷────勇進印刷（本文）・新藤慶昌堂（カバー）
製本────ブックアート
編集担当──大坪亮

リソース・ベースト・ビュー(RBV)の第一人者 ジェイ・バーニーによる戦略論の決定版!

欧米MBA校（ビジネススクール）で高評価の経営戦略論の教科書、最新版の翻訳です。
競争戦略論に、リソース・ベースト・ビュー（RBV:経営資源に基づく戦略論）を統合させた戦略論の決定版! VRIOフレームワークはMBA生の理論学習にも実務家の戦略立案にも大いに役立ちます。

［新版］ 企業戦略論
──戦略経営と競争優位──
【上】基本編・【中】事業戦略編・【下】全社戦略編
ジェイ B.バーニー、ウィリアム S.ヘスタリー ［著］、岡田正大 ［訳］

各巻共●Ａ５判・上製●定価（本体2400円＋税）

https://www.diamond.co.jp/